Johann Caspar Bluntschli

Die Bedeutung und die Fortschritte des modernen Völkerrechts

Johann Caspar Bluntschli

Die Bedeutung und die Fortschritte des modernen Völkerrechts

ISBN/EAN: 9783743440395

Hergestellt in Europa, USA, Kanada, Australien, Japan

Cover: Foto ©Suzi / pixelio.de

Weitere Bücher finden Sie auf **www.hansebooks.com**

Die Bedeutung und die Fortschritte des modernen Völkerrechts.

Von

Dr. J. C. Bluntschli,
Prof. der Rechte in Heidelberg.

Zweite Auflage.

Berlin, 1873.
C. G. Lüderitz'sche Verlagsbuchhandlung.
Carl Habel.

Grundlage des Völkerrechts.

Wo immer Menschen mit Menschen verkehren und dauernde Beziehungen anknüpfen, da regen sich in ihnen das Rechtsgefühl und der Rechtssinn und verlangen eine gewisse Ordnung der nothwendigen Verhältnisse und eine wechselseitige Achtung der daraus entspringenden Rechte. Beide Eigenschaften der menschlichen Seele, das Rechtsgefühl und der Rechtssinn, sind selbst unter barbarischen Stämmen deutlich wahrzunehmen, aber nur bei civilisirten Völkern gelangen sie zu voller Ausbildung des Bewußtseins und mit Hülfe öffentlicher Institutionen zu gesicherter Wirksamkeit. Sie können wohl gedrückt, aber nie ganz unterdrückt, wohl mißleitet, aber nicht zerstört werden. Immer wieder erheben sie sich, wenn der Druck nachläßt, und besinnen sie sich, wenn die verwirrende Leidenschaft erlischt. Der Rechtssinn ist ohne Zweifel stärker in den Männern als in den Frauen und jene sind bereiter als diese, ihr Recht gegen Jedermann mit Gründen und im Nothfall mit den Waffen zu verfechten. Aber an zähem und lebhaftem Rechtsgefühl stehen die Frauen den Männern nicht nach. Sie ergeben sich eher der übermächtigen Gewalt, aber sie empfinden und beklagen das Unrecht, das ihnen widerfährt, nicht deshalb weniger, weil sie sich schwächer fühlen und weniger demselben widerstehen können. Schon in den Kindern zeigt sich diese Anlage der Menschennatur für die Rechtsbildung. Auch die Kinder haben ein scharfes Auge für die Ungerechtigkeit, der sie in der Familie oder in der Schule ausgesetzt sind und werden oft tief verletzt und verbittert, wenn sie glauben, parteiisch behandelt zu werden.

Wenn es aber eine unbestreitbare Wahrheit ist, daß der Mensch von Natur ein Rechtswesen und mit der Anlage zur Rechtsbildung ausgestattet ist, dann muß auch das Völkerrecht in der Menschennatur seine unzerstörbare Wurzel und seine sichere Begründung haben. Völkerrecht heißt die als rechtlich-nothwendig anerkannte Ordnung, welche die Beziehungen der Staaten zu einander regelt. Die Staaten aber d. h. die organisirten Völker bestehen aus Menschen, und sind selber als einheitliche Gesammtwesen Personen, d. h. lebendige mit Willen begabte Rechtskörper, wie die Einzelmenschen. Die Staaten sind wie die Einzelnen einerseits individuelle Wesen für sich und andrerseits Glieder der Menschheit. Dieselbe Menschennatur, und demgemäß auch dieselbe Rechtsnatur, die jedes Volk und jeder Staat in sich hat, die findet er wieder in den andern Völkern und Staaten. Sie verbindet alle Völker mit unwiderstehlicher Nothwendigkeit. Keines kann sich dieser gemeinsamen Natur entäußern, keines dieselbe in dem andern Volke verkennen. Deshalb sind sie alle durch ihre gemeinsame Menschennatur verpflichtet, sich wechselseitig als menschliche Rechtswesen zu achten. Das ist die feste und dauerhafte Grundlage alles Völkerrechts. Würde es heute geläugnet und untergehen, so würde es morgen wieder behauptet und neu begründet.

Bedenken gegen das Völkerrecht.

Trotzdem werden heute noch starke Zweifel gegen die Existenz des Völkerrechts vielfältig geäußert. Die grundsätzlichen und die thatsächlichen Bedenken, auf welche sich jene Zweifel stützen, sind in der That nicht geringfügig. Sie fordern vielmehr zu ernster Prüfung auf. Man wendet ein, es fehle vorerst an einer beglaubigten Aussprache des Völkerrechts durch das Gesetz, sodann an einem wirksamen Schutze desselben durch die Rechtspflege; und man erinnert daran, daß in dem Streite der Staaten und Völker der Entscheid eher von der siegreichen Gewalt gegeben werde, als von irgend einer Rechtsautorität. Man fragt dann: Wie kann ernstlich von Völkerrecht die Rede sein, ohne ein Völkergesetz, welches das Recht mit Autorität verkündet, ohne ein Völkergericht, welches dieses Recht in Rechtsform handhabt, wenn die Macht schließlich allezeit den Ausschlag giebt?

Wir können es nicht läugnen: Diese Bedenken haben ihren Grund in großen Mängeln und schweren Gebrechen des Völkerrechts. Dennoch ist der Schluß, daß es kein Völkerrecht gebe, übereilt und verfehlt. Fassen wir dieselben schärfer ins Auge,

1. Völkerrechtliche Gesetzgebung.

Wir sind heute gewohnt, wenn irgend Fragen des Familienrechts, des Erbrechts, des Vermögensrechts auftauchen, ein privatrechtliches Gesetzbuch nachzuschlagen und dort die Aufschlüsse über die geltenden Rechtsgrundsätze aufzusuchen, oder wenn ein Verbrechen verübt worden, nachzusehen, mit welcher Strafe es in dem Strafgesetzbuch bedroht sei. Die Fundamentalsätze des Strafrechts sind gewöhnlich in Verfassungsurkunden öffentlich verkündet, und schon finden wir in einzelnen Staaten, wie z. B. in dem Staate New-York, eine Codification auch des öffentlichen Rechts. Aber es giebt kein völkerrechtliches Gesetzbuch und nicht einmal einzelne völkerrechtliche Gesetze, welche die Rechtsgrundsätze mit bindender Autorität aussprechen, nach denen völkerrechtliche Streitfragen zu entscheiden sind. Da meinen denn Manche, gewohnt alles Recht aus Gesetzen abzuleiten: „Ohne Gesetze kein Recht."

Indessen sind die Gesetze nur der klarste und wirksamste Ausdruck, aber keineswegs die einzige Quelle des Rechts. Bei allen Völkern gab es eine Zeit, in der sie keine Gesetzbücher und dennoch ein geltendes Recht hatten. In der Jugendperiode auch der Culturvölker gab es Ehen, Erbrecht der Anverwandten, Eigenthum, Forderungen und Schulden ohne Gesetze, welche diese Rechtsverhältnisse ordneten und es wurden die Verbrechen bestraft ohne Strafgesetz. Die in den nationalen Institutionen und in den Volksgebräuchen und Uebungen dargestellte Rechtsordnung ist überall älter als die gesetzlich bestimmte. Erst in dem reiferen und selbst bewußteren Lebensalter der Völker unternimmt es der Staat, das Recht in Gesetzbüchern auszusprechen. Es kann uns daher nicht befremden, wenn das noch junge Völkerrecht vorerst ebenfalls in gewissen Einrichtungen, Gebräuchen und Uebungen der Völker vornehmlich zu Tage tritt.

Für das Völkerrecht besteht aber in dieser Hinsicht eine eigenthümliche Schwierigkeit. Mag das Verlangen nach einer klaren autoritativen Verkündung völkerrechtlicher Gesetze noch so dringend geworden und die geistige Fähigkeit zu solcher Aussprache noch so zweifelhaft sein, so fehlt es doch an einem anerkannten Gesetzgeber, der das Gesetz erlassen könnte. In jedem einzelnen Staate ist durch die Staatsverfassung für ein Organ des allgemeinen Staatswillens gesorgt, d. h. ein Gesetzgeber anerkannt. Aber wo wäre der Weltgesetzgeber zu finden, dessen Ausspruch alle Staaten und alle Nationen Folge leisteten? Die Einrichtung eines gesetzgebenden Körpers für die Welt, setzt die Organisation der Welt voraus und eben diese besteht nicht.

Vielleicht wird die Zukunft dereinst die erhabene Idee verwirklichen und der gesammten, in Völker und Staaten getheilten Menschheit einen gemeinsamen Rechtskörper schaffen, welcher ihren Gesammtwillen mit allgemein anerkannter

Autorität aussprechen wird, wie die Vergangenheit den verschiedenen Nationen in den Staaten eine einheitliche Rechtsgestalt gegeben hat, und wie die Gegenwart wenigstens das Bewußtsein weckt und klärt, nicht blos, daß die Menschheit in Natur und Bestimmung Ein Gesammtwesen sei, sondern überdem, daß auch in der Menschheit gemeinsame Rechtsgrundsätze zur Geltung kommen müssen. Wird einst jene zukünftige Organisation der Menschheit erfüllt sein, dann freilich wird auch der Gesetzgeber für die Welt nicht mehr fehlen und es wird dann das Weltgesetz die Beziehungen der mancherlei Staaten zu einander und zur Menschheit ebenso klar, einheitlich und wirksam ordnen, wie es das heutige Staatsgesetz thut mit Bezug auf die Verhältnisse der Privatpersonen unter einander und zum Staate oder wie es das deutsche Reichsgesetz thut für alle zu dem Reiche verbundenen deutschen Staaten.

Mag man aber dieses hohe Endziel für einen schönen Traum der Idealisten halten oder an dessen Erreichung mit Zuversicht glauben, darüber kann kein Streit sein, daß dasselbe zur Zeit und noch auf lange hin keineswegs erreichbar sei. Das heutige Völkerrecht entspricht diesem Ideale nicht. Nur langsam und allmählig führt es aus der rohen Barbarei der Gewalt und Willkür zu civilisirten Rechtszuständen. Es kann höchstens als Uebergang dienen aus der unsichern Rechtsgemeinschaft der Völker zu der endlichen vollbewußten Rechtseinheit der Menschheit. Jeder neue völkerrechtliche Grundsatz, welcher dem gemeinsamen Rechtsbewußtsein der Völker klar gemacht und in dem Verkehrsleben der Völker bethätigt wird, ist dann ein Fortschritt auf dem Wege zu jenem Ziele.

Ganz so schlimm, wie es der oberflächlichen Betrachtung erscheint, steht es übrigens nicht. Es fehlt dem heutigen Völkerrecht nicht völlig an gemeinsamer, autoritativer Aussprache seiner Rechtsgrundsätze, die daher einen Gesetz ähnlichen Charakter hat. Indem von Zeit zu Zeit große völkerrechtliche Congresse der civilisirten Staaten zusammengetreten sind und ihre gemeinsame Rechtsüberzeugung in formulirten Rechtssätzen zu Protokoll erklärt haben, haben sie im Grund dasselbe gethan, was der Gesetzgeber thut. Die eigentliche Absicht dabei war nicht, ein Vertragsrecht zu schaffen, welches lediglich die Vertragsparteien und die Unterzeichner des Protokolles binden sollte, sondern allgemeine Rechtsnormen, zunächst freilich nur für die europäische Welt, festzusetzen, welche alle europäischen Staaten zu beachten haben; sie wollten nicht ein Willkürrecht hervorbringen, das ebendeshalb nicht weiter gilt, als jene Willkür Macht hat, sondern ein nothwendiges Recht anerkennen, welches in der Natur der Verhältnisse und in den Pflichten der civilisirten Völker gegen die Menschheit seine eigentliche Begründung hat.

Die mittelalterliche Rechtsbildung war oft auch in den einzelnen Ländern nicht anders. Man wählte nicht selten die Form des Vertrags und schuf den Inhalt des Gesetzes. Die heutigen Staaten haben nicht einmal die Wahl zwischen zweierlei Formen. Sie können ihre gemeinsame Rechtsüberzeugung nur in der bedenklichen Form einer vielstimmigen Erklärung aussprechen; die einheitliche Form der Aussprache ist für ihre Gesammtheit unmöglich, so lange diese nicht zu Einer Rechtsperson organisirt ist. Auch in den Verträgen, welche zunächst nur zwischen einzelnen Staaten abgeschlossen worden sind, sind daher manche Bestimmungen zu finden, welche ihrem Wesen nach Rechtsgesetze und keineswegs bloße Vertragsartikel sind, welche die nothwendige Rechtsordnung, nicht die Convenienz der contrahirenden Staaten darstellen.

Sogar die Gesetzgebung eines Einzelstaates kann so völkerrechtliche Grundsätze mit öffentlicher Autorität aussprechen und dadurch an der Klärung und Fortbildung des

Völkerrechts überhaupt einen bedeutenden Antheil nehmen. Die formelle und zwingende Autorität eines Staates reicht freilich nicht über die Gränzen seines Gebietes hinaus. Aber die geistige und freie Autorität desselben kann sich sehr viel weiter erstrecken, wenn ihr die öffentliche Meinung ihren Beifall zuwendet, wenn die Ueberzeugung sich verbreitet, daß jene Aussprache dem Rechtsbewußtsein der civilisirten Welt entspreche.

Wir haben in neuester Zeit einen merkwürdigen Act dieser Art erlebt, welcher zugleich einen bedeutenden Fortschritt des modernen Völkerrechts bezeichnet. Während des nordamerikanischen Bürgerkriegs nämlich ist im April 1863 eine „Instruction für die Armeen der Vereinigten Staaten im Feld" erschienen, welche geradezu als eine erste Codification des Kriegsrechts im Landkrieg zu betrachten ist. Dieselbe wurde von einem der angesehensten Rechtsgelehrten und Staatsphilosophen Amerikas, von Professor Lieber, entworfen, von einer Commission von Officieren geprüft und von dem Präsidenten der Vereinigten Staaten, Lincoln, genehmigt. Sie enthält in 157 Paragraphen genaue Vorschriften über die Kriegsgewalt in Feindesland, ihre Macht und ihre Gränzen, über das öffentliche und das Privateigenthum des Feindes, über den Schutz der Privatpersonen und die Interessen der Religion, Kunst und Wissenschaft, über Ausreißer und Kriegsgefangene und die Beute auf dem Schlachtfelde, über Parteigänger und Freischaaren, über Späher, Räuber und Kriegsrebellen, über Sicherheitspässe, Spione, Kriegsverräther, gefangene Boten und den Mißbrauch der Parlamentärfahne, über Auswechslung der Kriegsgefangenen, Waffenstillstands- und Schutzzeichen, über die Entlassung auf Ehrenwort, über Waffenstillstand und Capitulation, über Mord, Aufstand, Bürgerkrieg, Rebellion. Diese Instruction ist sehr viel ausführlicher und durchgebildeter als die Kriegsreglemente, welche bei den europäischen Heeren in Uebung sind. Da dieselbe aber durchweg Sätze ausspricht von allgemeinem, völkerrechtlichem Rechtsgehalt, und da die Art ihrer Aussprache in Uebereinstimmung ist mit dem Rechtsbewußtsein der heutigen Menschheit und mit der civilisirten Kriegsführung der Gegenwart, so wirkt dieses Edict über die weiten Gränzen der Vereinigten Staaten weit hinaus; und trägt erheblich dazu bei, einen wichtigen Bestandtheil des modernen Völkerrechts in humanem und der Nothwendigkeit der Verhältnisse entsprechendem Sinne zu allgemeiner Anerkennung zu bringen. Die europäischen Staaten können hierin nicht hinter dem Vorbilde der amerikanischen Staaten zurück bleiben, ohne sich dem beschämenden Urtheil der öffentlichen Meinung auszusetzen, daß sie in der Entwicklung des Völkerrechts hinter dem Fortschritte der civilisirten Menschheit zurück bleiben.

2. Völkerrechtliche Rechtspflege.

Fast noch schlimmer als der Mangel eines Völkergesetzes ist der Mangel eines Völkergerichts. Wenn der vermeintliche Eigenthümer einer Sache von dem Besitzer Herausgabe verlangt, oder der Gläubiger von dem Schuldner Zahlung fordert, so finden die beiden streitenden Parteien einen Richter im Staate, welcher ihren Streit rechtskräftig entscheidet. Wenn ferner Jemand bestohlen oder mißhandelt wird, so schreitet der Staatsanwalt ein, die Geschwornen erkennen über die Schuld, der Strafrichter bestimmt die Strafe, welche von der Staatsgewalt vollzogen wird. Aber wenn ein Staat Ansprüche auf einen Bezirk erhebt, den ein anderer Staat besetzt hält, wenn ein Staat Entschädigung fordert für rechtswidrige Verletzung seiner Interessen durch einen andern Staat, wenn ein Staat einen schweren Friedens- und Rechtsbruch begeht, wider einen andern Staat, so giebt es keinen Gerichtshof, an welchen der Kläger sich wenden kann, welcher dem Unrecht wehrt, dem

Rechte Anerkennung verschafft und auch den Schwachen wider den Mächtigen schützt. Das letzte und in manchen Fällen das einzige Mittel, welches dem verletzten Staat bleibt, um sein Recht zu behaupten, ist der Krieg und im Kriege entscheidet die Gewalt der auf einander stoßenden Naturkräfte. Im Kriege siegt leichter die Partei, welche die Macht, als die, welche das Recht für sich hat.

Unläugbar ist daher der Krieg eine rohe und unsichere Form des Rechtsschutzes. Wir können nicht mit Zuversicht darauf rechnen, daß die Macht sich dahin wende, wo das Recht ist und der besser Berechtigte in Folge dessen auch der Stärkere sei. Aber selbst in dieser leidenschaftlichen und rohen Form der gewaltsamen Selbsthülfe macht sich doch das Rechtsgefühl der Völker geltend. Eben für ihr Recht greifen die Staaten zu den Waffen und unternehmen es, indem sie alle ihre Manneskraft anspannen und das Leben der Bürger einsetzen, ihrer Rechtsbehauptung den Sieg zu verschaffen. Niemals ist es auch gleichgültig, auf welcher Seite das Recht sei. Der Glaube an das eigene gute Recht stärkt und ermuthigt die Kämpfenden, das Bewußtsein des eigenen Unrechts ängstigt und verwirrt sie. Das offenbare Recht zieht Freunde herbei und gewinnt die Gunst der öffentlichen Meinung; das augenfällige Unrecht reizt die Gegner zur Feindschaft und weckt allgemeine Mißgunst. Der Stärkste selbst, wenn er Sieger wird, fühlt sich nach dem unübertrefflichen Ausdrucke Rousseau's nicht stark genug ohne das Recht und wird seines Sieges erst froh, wenn es ihm glückt, dem Erfolge der Waffen die endliche Anerkennung des Rechts zu verschaffen. Wenn der Sieg dauernde und insofern nothwendige Wirkungen hervorbringt, so bestimmt er wirklich die Rechtsordnung für die Gegenwart und ihre Folge.

In der Jugendperiode der germanischen Völker und theilweise noch im Mittelalter war es mit dem Rechtsschutze des Privat- und des Strafrechts nicht viel besser bestellt. Die männliche Selbsthülfe war auch da eine gewöhnliche Form der Rechtshülfe. Mit den Waffen in der Hand vertheidigte der Eigenthümer den Frieden seines Hauses, der Gläubiger pfändete selber den säumigen Schuldner, gegen die Friedensbrecher wurde die Familien- und die Blutrache geübt, der Rechtsstreit der Ritter und Städte wurde in der Form der Fehde vollzogen. Sogar in die öffentlichen Gerichte hinein trat die Waffengewalt, der Zweikampf war ein beliebtes Beweismittel, und selbst der Urtheilsschelte wurde durch die Berufung auf die Schwerter Nachdruck verliehen. Nur allmählig verdrängte die friedlichere und zuverlässigere Gerichtshülfe die ältere Selbsthülfe. Es ist daher nicht unnatürlich, wenn die Staaten, d. h. die derzeitigen alleinigen Inhaber, Träger und Garanten des Völkerrechts, in ihren Rechtsstreiten im Gefühl ihrer Selbständigkeit und ihrer Rechtsmacht sich noch heute vornehmlich selber zu helfen suchen.

Indessen der Krieg ist doch nicht das einzige völkerrechtliche Rechtsmittel. Es giebt daneben auch friedliche Mittel, dem Völkerrechte Anerkennung und Schutz zu verschaffen. Die Erinnerungen und Mahnungen, unter Umständen die Forderungen der neutralen Mächte, die guten Dienste befreundeter Staaten, die Aeußerungen des diplomatischen Körpers, die Drohungen der Großmächte, die Gefahren von Coalitionen gegen den Friedebrecher, die laute und starke Stimme der öffentlichen Meinung gewähren der völkerrechtlichen Ordnung auch einigen — freilich nicht immer einen ausreichenden Schutz, und werden selten ungestraft mißachtet. Zuweilen endlich werden völkerrechtliche Schiedsgerichte gebildet, welche den Streit der Staaten auch in wirklicher Rechtsform nach einem vorgängigen Prozeßverfahren entscheiden.

3. Angebliche Herrschaft der Gewalt.

Wer immer einen Blick wirft auf die Geschichte der Völker, wird auch die Wahrnehmung machen, daß die Macht einen großen Antheil hat an der Bildung der Staaten und diese Macht erscheint oft genug in der rohen Form der physischen Gewalt, welche mit dem Säbel in der Hand ihre Gebote durchsetzt und unter dem Donner der Kanonen und im Gewitter der Schlacht die Verhältnisse der Staaten umgestaltet. Aber obwohl in allen Zeitaltern viel brutale Gewalt der Mächtigen sich breit macht und auf die Rechtsordnung einen Druck übt, und obwohl viel verübtes Unrecht unbestraft bleibt, so ist die Weltgeschichte doch nicht ein wüstes Durcheinander der entfesselten Leidenschaften und nicht das Ergebniß der rohen Gewaltübung. Vielmehr erkennen wir, bei näherer Prüfung und Ueberlegung des weltgeschichtlichen Ganges, auch eine sittliche Ordnung. Der sichere Fortschritt der allgemein menschlichen Rechtsentwicklung stellt sich dann unzweideutig dar. Das Wort unseres großen Dichters: „Die Weltgeschichte ist das Weltgericht" spricht eine tröstliche Wahrheit aus.

Die Regel der heutigen Welt ist nicht mehr der Krieg, sondern der Friede. Im Frieden aber herrscht in den Beziehungen der Staaten zu einander nicht die Gewalt, sondern in der That das anerkannte Recht. In dem friedlichen Verkehre der Staaten mit einander wird die Persönlichkeit und die Selbständigkeit des schwächsten Staates ebenso geachtet, wie die des mächtigsten. Das Völkerrecht regelt die Bedingungen, die Formen, die Wirkungen dieses Verkehrs wesentlich für alle gleich, für die Riesen wie für die Zwerge unter den Staaten. Jeder Versuch, diese Grundsätze gestützt auf die Uebermacht willkürlich zu verletzen und ihre Schranken zu überschreiten, ruft einen

Widerspruch und Widerstand hervor, welchen auch der mächtige Staat nicht ohne Gefahr und Schaden verachten darf.

Aber selbst in dem Ausnahmszustande des Kriegs, in welchem die physische Gewalt ihre mächtigste Wirkung äußert, werden dieser Gewalt doch von dem Völkerrecht feste Schranken gesetzt, welche auch sie nicht überschreiten darf, ohne die Verdammung der civilisirten Welt auf sich zu laden. In nichts mehr bewährt und zeigt sich die Macht und das Wachsthum des Völkerrechts herrlicher als darin, daß es vermocht hat, die spröde Wildheit der Kriegsgewalt allmählich zu zähmen und selbst die zerstörende Wuth des feindlichen Hasses durch Gesetze der Menschlichkeit zu mäßigen und zu bändigen.

Ueberdem dürfen wir bei der Beurtheilung geschichtlicher Ereignisse niemals vergessen: Was dem oberflächlichen Sinn nur als rohe Uebermacht und als brutale Gewalt erscheint, das stellt sich der tieferen Erkenntniß in manchen Fällen als unwiderstehliche Nothwendigkeit der natürlichen Verhältnisse und als unaufhaltsamer Drang berechtigten Volkslebens dar, welches die abgestorbenen Formen des veralteten Rechts abstößt, wie die jungen Pflanzentriebe im Frühling das welke Laub des Winters abstoßen. Wo aber das wirklich der Fall ist, da ist die Gewalt in Wahrheit nur der Geburtshelfer des natürlichen oder des werdenden Rechts. Sie dient dann der Rechtsbildung, sie beherrscht dieselbe nicht.

Die Mängel also des Völkerrechts sind groß, aber nicht so groß, um dessen Existenz zu behindern. Das Völkerrecht ringt noch mit ihnen, aber es hat schon manchen Sieg über die Schwierigkeiten erfochten, welche seiner Geltung im Wege stehen. Man vergleiche die Rechtszustände der heutigen Staatenwelt mit den Zuständen der früheren Zeitalter und man wird durch diese Vergleichung der großen und segensreichen Fortschritte gewahr, welche das Völkerrecht in den letzten Jahrhunderten gemacht hat und fortwährend macht. Darin ersehen wir eine Bürgschaft für die weiteren Fortschritte der Zukunft. Die Vervollkommnung des Völkerrechts begleitet und sichert die Vervollkommnung des Menschengeschlechts. Halten wir Ueberschau und betrachten wir im Großen die Entwicklung des Völkerrechts.

Anfänge des Völkerrechts.
1. Im Alterthum.

Einzelne Keime des Völkerrechts sind zu allen Zeiten unter allen Völkern sichtbar geworden. Selbst unter wilden und barbarischen Stämmen finden wir fast überall eine gewisse, meistens religiöse Scheu, die Gesandten anderer Stämme zu verletzen, mancherlei Spuren des Gastrechts und die Uebung, Bündnisse und andere Verträge abzuschließen, den Krieg durch den erklärten Frieden zu beendigen.

Bei den civilisirten alten Völkern Asiens, wie besonders bei den alten Indiern mehren und entwickeln sich theilweise die Ansätze und Triebe zu völkerrechtlicher Rechtsbildung. Aber selbst die hochgebildeten Hellenen, obwohl sie zuerst den Staat menschlich begriffen haben, sind doch nur in dem eng begränzten Verhältniß der hellenischen Staaten zu einander zu einem noch sehr dürftigen Völkerrecht gelangt. Die Gemeinschaft der Religion, Sprache und Cultur hat in den Hellenen aller Städte das Gefühl nationaler Gemeinschaft und Verwandtschaft geweckt. In Folge davon wurde die in eine große Anzahl selbständiger Städte und Staaten getheilte Nation doch auch einer gewissen Rechtsgemeinschaft inne. „Alle Hellenen sind Brüder", sagte man und erkannte an, daß jeder hellenische Staat dem andern gegenüber gewisse Rechtsgrundsätze zu beachten verpflichtet sei. Aber die nicht hellenischen, die sogenannten barbarischen Völker betrachteten sie noch als „ihre natürlichen Feinde", mit denen keine Rechtsgemeinschaft bestehe. Der Krieg mit den Barbaren erschien ihnen als die natürliche Regel und jede List oder Gewalt gegen die Barbaren als erlaubt. Sie wiesen die Gleichberechtigung der Barbarenstaaten noch mit Verachtung von sich, und hielten sich als die edlere Rasse für berufen, über die Barbaren zu herrschen. Das war nicht etwa nur die Meinung der eiteln und selbstsüchtigen Menge, es war das ebenso die Meinung der berühmten Philosophen Platon und Aristoteles.

Die Römer sind als die weltgeschichtlichen Begründer des von Religion und Moral unterschiedenen Rechts und der Rechtswissenschaft anerkannt. Aber auch den Römern verdankt die Welt noch nicht die erste allgemeine Feststellung des Völkerrechts. Freilich sind in dem alten Rom auch vortreffliche Anfänge eines civilisirten Völkerrechts zu entdecken. Bevor die Römer einen fremden Staat mit Krieg überzogen, pflegten sie ihre Forderungen in Rechtsform durch ihre Gesandte, die Fecialen, anzumelden und, wenn nicht willfahrt wurde, den Krieg feierlich anzukünden. Sie kannten und übten mancherlei Formen der Staatsverträge und Bündnisse mit andern Staaten. Obwohl sie während des Kriegs schonungslos und grausam verfuhren, so pflegten sie doch die Religion, die Sitten und theilweise sogar das Recht der unterthänig gewordenen Völker zu schützen. Sie erhoben sich sogar zu der Idee der Humanität, als der großen Aufgabe ihrer Politik und faßten die Welt als ein Ganzes in weitgreifendem Gedanken zusammen. Aber alle diese Keime entwickelten sich doch nicht zu einem humanen Völker- und Weltrecht, weil der Sinn der Römer nicht auf Rechtsgemeinschaft unter den Völkern, sondern auf absolute Herrschaft Roms über die Völker gerichtet war. Die absolute Weltherrschaft eines Volkes aber ist die Verneinung des Völkerrechts im Princip.

Wir sehen, die Eitelkeit, der Stolz, die Selbstsucht und die

Herrschsucht der einzelnen Völker verhinderten im Alterthum das Wachsthum des Völkerrechts und zerstörten die noch schwachen Keime, bevor sie erstarkt waren. Ohne wesentliche Gleichberechtigung der verschiedenen Völker ist kein Völkerrecht möglich.

2. **Im Mittelalter. Christenthum.**

Im Mittelalter treten in Europa zwei neue Mächte entscheidend auf, die christliche Kirche und die germanischen Fürsten und Völker. Haben etwa diese Mächte das Völkerrecht zur Welt gebracht?

In der That leuchten manche christliche Ideen der Bildung des Völkerrechts vor. Das Christenthum sieht in Gott den Vater der Menschen, in den Menschen die Kinder Gottes. Damit ist die Einheit des Menschengeschlechts und die Brüderschaft aller Völker im Princip anerkannt. Die christliche Religion beugt jenen Stolz der antiken Selbstgerechtigkeit und fordert Demuth, sie greift die Selbstsucht in ihrer Wurzel an und verlangt Entsagung, sie schätzt die Hingebung für Andere höher als die Herrschaft über Andere. Sie entfernt also die Hindernisse, welche der Gründung eines antiken Völkerrechts im Wege waren. Ihr höchstes Gebot ist die Menschenliebe und sie steigert dieselbe bis zur Feindesliebe. Sie wirkt erlösend und befreiend, indem sie die Menschen reinigt und mit Gott versöhnt. Sie verkündet die Botschaft des Friedens. Es liegt nahe, diese Ideen und Gebote in die Rechtssprache zu übersetzen und zu Grundsätzen eines humanen Völkerrechts umzubilden, welches alle Völker als freie Glieder der großen Menschenfamilie anerkennt, für den Weltfrieden sorgt und sogar im Kriege für die Menschenrechte Achtung fordert. Im Mittelalter war die römisch-katholische Kirche berufen, die christlichen Ideen zu vertreten, sie hatte die Erziehung der uncivilisirten Völker übernommen. Dennoch hat sie ein derartiges christliches Völkerrecht nicht hervorgebracht. Vergeblich sieht man sich in dem kanonischen Gesetzbuch darnach um.

Allerdings versuchten es die Päpste im Mittelalter, das Amt der obersten Schiedsrichter über die Fürsten und Völker der abendländischen Christenheit sich zuzueignen. Oefter saßen die Päpste zu Gericht über die Streitigkeiten der Fürsten unter sich oder mit den Ständen. Wenn sich nur irgendwie dem Streite eine religiöse Seite oder eine kirchliche Beziehung abgewinnen ließ — und wo wäre das nicht möglich? — so hielten sie ihre Gerichtsbarkeit für begründet. Bald bemühten sie sich dann, Vergleiche zu stiften, bald sprachen sie ihr Urtheil aus. Aber diese völkerrechtliche Stellung der Päpste litt doch an großen Mängeln. Wo das öffentliche Recht in Frage war, da waren die mächtigen Parteien nicht geneigt, sich dem geistlichen Gericht zu unterwerfen, und die Päpste vermochten nicht, den trotzigen Widerspruch zu beseitigen, nicht den Widerstand zu brechen.

Es gelang den Päpsten so wenig, ihr völkerrechtliches Schiedsrichteramt durchzusetzen, als es ihnen glückte, ihren **Anspruch auf Weltherrschaft** zu verwirklichen. Auch dieser Anspruch hatte eher einen völker- als einen staatsrechtlichen Charakter angenommen, seitdem das alte römische Weltreich zerrissen und in eine große Anzahl unabhängiger Fürstenthümer und Republiken zerfallen war. Die Päpste begründeten nun diesen Anspruch auf absolute Weltherrschaft mit der religiösen Autorität Gottes, wie die alten römischen Kaiser ihn politisch mit dem Beruf und Willen des römischen Volkes begründet hatten. Der geistliche Absolutismus war aber im Princip eben so wenig verträglich mit einer allgemeinen Rechtsordnung, welche die Fürsten und Völker in ihren Rechten schützt, als der weltliche. Jener war sogar gefährlicher, als dieser, weil er seine Vollmacht aus dem unerforschlichen Willen des allmächtigen Gottes ableitete und nicht wie dieser in dem ausgesprochenen Menschengesetz eine deutliche Schranke fand. Dennoch war die behauptete göttliche Herrschaft des Papstes über die christlichen Völker schwächer als die Hoheit des antiken römischen Kaisers, weil der christliche Papst grundsätzlich genöthigt war, die Zweiheit von Staat und Kirche anzuerkennen und das weltliche Schwert nicht selber handhaben durfte, sondern dem Könige überlassen mußte. So oft daher eine weltliche Macht dem Papste ihren Gehorsam oder ihren Beistand versagte, wie das trotz Kirchenbann und Interdict auch im Mittelalter nicht selten geschah, so waren sein Spruch und sein Gebot in seiner Wirksamkeit gelähmt.

Es zeigte sich aber im Mittelalter noch ein zweites Grundgebrechen, welches jede Gestaltung eines päpstlichen Völkerrechts unmöglich machte. Eben die religiöse Begründung des päpstlichen Rechts verhinderte dasselbe allgemein-menschlich zu werden. Die Kirche verlangte den Glauben als die Grundbedingung auch des Rechts. Nur unter der gläubigen Christenheit sollte der Friede walten und die Rechtsordnung gelten. Den Ungläubigen gegenüber kannte das Papstthum keine Schonung und keine Achtung der Menschenrechte. Gegen die Ungläubigen war der Krieg die Losung; man ließ ihnen nur die Wahl zwischen Bekehrung oder Vertilgung. Jede Ketzerei und den Unglauben auszurotten auf der Erde, das wurde auf allen Kanzeln als die heilige Pflicht der Christenheit verkündet. Damit ist aber die menschliche Grundlage des Völkerrechts im Princip verneint. Wenn das Völkerrecht Menschenrecht ist, weshalb sollten denn die ungläubigen Völker sich nicht ebenso darauf berufen dürfen, wie die gläubigen? Hören sie denn auf, Menschen zu sein, weil sie andere Vorstellungen haben als die Kirche von Gott und göttlichen Dingen?

Die antike Welt hatte kein Völkerrecht zu Stande gebracht, weil die selbstsüchtigen Völker den Fremden, den Barbaren nicht gerecht wurden, das christliche Mittelalter kam nicht dazu, weil die glaubenseifrigen Völker die Ungläubigen für rechtlos hielten. Die reine Idee der Menschlichkeit konnte die Welt nicht erleuchten, so lange die Atmosphäre von dem Rauche der Brandopfer verdunkelt war, welche der Glaubenshaß angezündet hatte.

Die Germanen.

Die zweite bestimmende Macht des Mittelalters, die Germanen, brachten ebenfalls eine Anlage zu völkerrechtlicher Rechtsbildung mit, aber auch diese Anlage gelangte im Mittelalter nicht zu voller Entwicklung. Der trotzige Freiheitssinn und das lebhafte Gefühl der besondern Persönlichkeit, wodurch die Germanen von jeher sich auszeichneten, haben einen natürlichen Zug zu allgemeinem Menschenrecht. Die in zahlreiche Stämme und Völkerschaften getheilten Germanen waren immer geneigt, auch andern Völkern ein Recht zuzuschreiben, wie sie es für sich in Anspruch nahmen. In dem Fremden achteten sie doch den Menschen und hielten es für billig, daß ein Jeder nach seinem angeborenen Stammes- oder seinem gewählten Volksrechte beurtheilt werde. Sie erkannten so ein Nebeneinander verschiedener Volksrechte an. Für sie hatten Persönlichkeit, Freiheit, Ehre höchsten Werth, aber sie glaubten nicht im Alleinbesitz dieser Güter zu sein, wenn freilich auch sie sich für besser und schätzenswerther hielten als andere Nationen. Um den Glauben Anderer kümmerten sie sich nicht, bevor sie in die Schule der römischen Kirche kamen. Nicht einmal im eigenen Lande machten sie das Recht vom Glauben abhängig. Sogar im Kriege vergaßen sie das Recht nicht. Sie betrachteten die Feinde und den Krieg als einen gewaltigen Rechtsstreit und glaubten, daß Gott dem Rechte zum Siege verhelfe, in der Schlacht wie im Zweikampf. Auch in dem Feinde und in den unterwürfigen Knechten und eigenen Leuten achteten sie noch immer von Natur berechtigte Menschen. Sicher sind das höchst bedeutsame Ansätze zum Völkerrecht, wie der Belgier Laurent zuerst und vortrefflich gezeigt hat.

Aber es fehlte den Germanen anfangs sowohl an der Einheit des politischen Willens und der staatlichen Macht als an der nöthigen Geistesbildung, um einem neuen Weltrecht Ausdruck zu geben und Geltung zu verschaffen. Ihre Sitten waren zu roh, ihr Trotz zu ungefügig, ihre Fäuste zu derb und ihre Rauflust zu unbändig. Als sie aber später von Rom in die geistige und sittliche Schule und Zucht genommen wurden, bekamen sie mit der Einheit des Papstthums und des Kaiserthums und mit der religiösen Bildung auch die Mängel der mittelalterlich-römischen Institutionen und Ideen, und jene Ansätze konnten nicht mehr zu gesundem und fröhlichem Wachsthum gelangen.

Vergeblich wurde nun das römische Kaiserthum dem deutschen Königthum aufgepfropft. Die Kaiser nannten sich wohl noch Herren der Welt, Könige der Könige, Häupter der ewigen Stadt und Regenten des Erdkreises. Auch sie behaupteten wohl, die obersten Richter zu sein über die Fürsten und die Völker, und die Schirmer des Weltfriedens. Aber die weltliche Oberherrlichkeit der Kaiser wurde in der abendländischen Christenheit noch weniger allgemein anerkannt als die geistliche der Päpste. Nicht einmal in Deutschland und in Italien vermochten die Kaiser den Landfrieden vor der wilden Fehdelust der vielen großen und kleinen Herren nachhaltig zu schützen. Um die Weltordnung zu handhaben, dazu reichten ihre Kräfte noch weniger aus. In dem Ideale des Mittelalters herrschen überall Recht und Gericht; aber in der Wirklichkeit regiert die rohe Gewalt. Es ist bezeichnend, daß die „Zeit des Faustrechts" von jedermann auf die mittelalterlichen Zustände bezogen wird und daß das Wort auf kein anderes Zeitalter besser paßt. Wo aber das Faustrecht in Uebung ist, da hat das Völkerrecht keinen Raum.

Aufleben des modernen Völkerrechts.

Erst nachdem die kirchlich-päpstliche Einheit in dem abendländischen Europa durch die Reformation des sechszehnten Jahrhunderts zerbrochen war, wie lange vorher schon die weltlich-kaiserliche Einheit sich als unausführbar erwiesen hatte, bekamen die lange zurück gehaltenen Rechtstriebe Luft. Die Wissenschaft, welche sich endlich der Herrschaft des Glaubens entwand, förderte nun zunächst mit ihrem Lichte ihre Entfaltung. In der That, die Begründung des neueren Völkerrechts ist voraus ein Werk der Wissenschaft, welche das schlummernde Rechtsbewußtsein der civilisirten Welt aufgeweckt hat. Dann folgte ihr die staatsmännische Praxis und übernahm die Pflege und Erweiterung des Völkerrechts. Noch heute sind beide Kräfte thätig. Bald geht die Wissenschaft voraus, indem sie völkerrechtliche Grundsätze ausspricht und erweist, bald folgt die Wissenschaft der rüstiger vorschreitenden Praxis nach, welche von der Culturströmung der Zeit getrieben und von den Bedürfnissen der Zeit gedrängt sich entschließt, neues Recht anzuwenden und ins Leben einzuführen. Wenn es der Wissenschaft gelingt, der Menschheit ihre Rechtsideen als Rechtsvorschriften klar zu machen, und das Rechtsgefühl der Mächte diese Vorschriften zu beachten beginnt, dann ist wirkliches Völkerrecht offenbar geworden, gesetzt auch es sollte nicht überall und nicht ausnahmslos anerkannt werden und die Befolgung nicht immer zu erzwingen sein. Ebenso wenn es der staatlichen Praxis glückt, sei es durch diplomatische Verhandlungen oder in der Kriegsübung oder sonst im Leben angesehener Völker bestimmte völkerrechtliche Besorgnisse und Pflichten zur Anerkennung und stätigen Wirksamkeit zu bringen, so wird auch auf diese Weise das allmählige Wachsthum des Völkerrechts sichtbar, obwohl es an einer alle Staaten bindenden formellen Autorität und an einer gesicherten Rechtspflege noch fehlt.

Es ist charakteristisch, daß das Bahn brechende Volk des edeln Holländers Hugo de Groot, der mit Recht als der geistige Vater des modernen Völkerrechts geehrt wird, im Angesicht des entsetzlichen Krieges geschrieben wurde (1622—1625), in welchem die deutsche Nation während dreißig Jahren gegen sich selber wüthete. Damals trat der hochgebildete Gelehrte und Staatsmann zugleich dem religiösen Fanatismus entgegen, welcher die Ausrottung der Andersgläubigen als ein gottgefälliges Werk ansah und der brutalen Rohheit, welche ihren Leidenschaften und Lüsten zügellosen Lauf verstattete. Er zeigte der Welt das erhabene Bild eines auf die menschliche Natur gegründeten und durch die Zustimmung der Weisen und Edeln aller Zeiten geheiligten Rechts, damit sie sich wieder ihrer Pflicht erinnere und Mäßigung lerne.

Befreiung des Völkerrechts von religiöser Befangenheit.

Von Anfang an war das neue Völkerrecht frei von dem antiken Vorurtheil, daß nur das eigene Volk berechtigt, die Fremden aber rechtlos seien und ebenso frei von dem mittelalterlichen Wahne, daß die Gültigkeit des Menschenrechts abhängig sei von dem besonderen Gottesglauben. Mit viel Muth und großem Nachdruck hat sodann der Nachfolger Groot's, der Deutsche Pufendorf ebenfalls noch im siebzehnten Jahrhundert wider die kirchlichen Eiferer die Wahrheit verfochten, daß das Natur- und das Völkerrecht nicht auf die Christenheit eingeschlossen sei, sondern alle Völker aller Religionen verbinde, weil alle zur Menschheit gehören.

Trotz dieser einleuchtenden Lehren ist in unserm civilisirten Europa der große Fortschritt der Wissenschaft erst vor wenig

Jahren zu durchgreifender praktischer Anerkennung gelangt. Noch die sogenannte Heilige Allianz vom September 1815 wollte ein ausschließlich christliches Völkerrecht begründen und schützen. Allerdings war sie nicht mehr ganz so enge, wie das mittelalterliche Glaubensrecht. Sie unterschied nicht mehr zwischen rechtgläubigen und nicht rechtgläubigen christlichen Bekenntnissen und beseitigte die feindliche Scheidung der verschiedenen Confessionen. In ihr verband sich der katholische Kaiser von Oesterreich mit dem protestantischen Könige von Preußen und dem griechischen Czaren von Rußland. Die verschiedenen Confessionen sollten nur Eine christliche Völkerfamilie bilden. Aber man wollte doch nicht über die Gränze der Christenheit hinaus gehen und meinte in der christlichen Religion die Grundlage des neuen Völkerrechts zu finden. Die Türkei blieb noch ausgeschlossen von der europäischen Staatengemeinschaft. Freilich hatte man es schon seit Jahrhunderten nicht vermeiden können, auch mit der hohen Pforte völkerrechtliche Verträge abzuschließen. Aber erst auf dem Pariser Friedenscongreß vom Jahre 1856 wurde die Türkei als ein berechtigtes Glied in die europäische Staatengenossenschaft aufgenommen und dadurch der allgemein-menschliche Charakter des Völkerrechts anerkannt.

Seither ist es auch in der Praxis anerkannt, daß die Gränzen der Christenheit nicht zugleich Gränzen des Völkerrechts seien. Unbedenklich breitet sich dasselbe über andere muhammedanische Staaten und ebenso über China und Japan aus und fordert von allen Völkern Achtung seiner Rechtsgrundsätze, mögen dieselben nun Gott nach der Weise der Christen oder der Buddhisten, nach Art der Muhammedaner oder der Schüler des Confucius verehren. Endlich ist die Wahrheit durchgedrungen: Der religiöse Glaube begründet nicht und behindert nicht die Rechtspflicht.

Schranken des Völkerrechts.

Das moderne Völkerrecht erkennt voraus das **Nebeneinanderbestehen der verschiedenen Staaten** an. Es soll die Existenz der Staaten sichern, nicht dieselben gefährden, ihre Freiheit schützen, nicht unterdrücken. Aber zugleich legt es allen Staaten auch Pflichten auf, indem es sie als Glieder der Menschheit verbindet und deshalb von ihnen Achtung vor dem Menschenrechte fordert. Würde man die Souveränetät der Staaten als ein unbegränztes Recht fassen, so würde jeder Staat auch dem andern gegenüber thun können, was ihm beliebte, d. h. es würde das Völkerrecht im Princip verneint. Würde man umgekehrt die Zusammengehörigkeit der Staaten und die Einheit des Menschengeschlechts rücksichtslos durchführen, so würde dadurch die Selbständigkeit der einzelnen Staaten gebrochen, ihre Eigenart und ihre Freiheit gefährdet, sie würden am Ende zu bloßen Provinzen des Einen Weltreichs erniedrigt.

Deshalb ist es nöthig, daß die Fortbildung des Völkerrechts zugleich die Gränzen beachte, welche seiner Wirksamkeit durch das Staatsrecht gezogen sind. Aus diesem Grunde bestimmt das Völkerrecht zunächst und hauptsächlich **die Rechtsverhältnisse der Staaten unter einander und hütet sich davor, sich in die innern Angelegenheiten der Staaten einzumischen.** Den Schutz der Privatrechte stellt es durchweg den Staaten anheim, auch dann wenn diese Privatrechte einen allgemein-menschlichen Charakter haben, und greift nicht in die Handhabung der staatlichen Strafgerichtsbarkeit ein, wenngleich auch hier zuweilen menschliches Recht in Frage ist.

Es ist nicht unmöglich, daß in der Zukunft das Völkerrecht etwas weniger ängstlich sein und in manchen Fällen sich für berechtigt halten werde, zum Schutze gewisser Menschenrechte einzuschreiten, wenn dieselben von einer Staatsgewalt selbst unterdrückt werden; etwa so wie in den Bundesstaaten die Bundesgewalt gewisse vorschriftsmäßige Rechte der Privaten auch gegen die Verletzung von Seite eines Einzelstaates zu schützen pflegt. Aber die bisherigen Versuche völkerrechtlicher Garantien zum Schutze menschlicher Privatrechte sind noch selten und schwach und überall noch hindert die Furcht vor Eingriffen in die Souveränetät der Staaten ein energisches Vorgehen.

Maßregeln gegen die Sclaverei.

Eine derartige Ausnahme enthalten die völkerrechtlichen Maßregeln gegen die Zufuhr von Negersclaven.

Die meisten Völker der alten Welt hatten die Sclaverei geduldet. Die römischen Juristen, wohlbewußt, daß das natürliche Menschenrecht die Freiheit, nicht die Sclaverei sei, suchten diese eben mit der allgemeinen Rechtssitte aller Völker zu rechtfertigen. Auch das Christenthum, obwohl es den Geist der Bruderliebe auch unter Herren und Sclaven weckte, ließ doch die bestehende Sclaverei als Rechtsinstitut unangefochten.

Während des Mittelalters wurde in dem germanisirten Europa die antike Sclaverei in die weniger harte Eigenschaft umgestaltet und allmählich in die bäuerliche Hörigkeit gemildert, aber es erhielt sich doch noch bis tief ins achtzehnte, in einzelnen, auch deutschen Ländern bis ins neunzehnte Jahrhundert hinein eine erbliche Knechtschaft der eigenen Leute. In Osteuropa nahm diese bäuerliche Eigenschaft sogar in den letzten Jahrhunderten massenhaft überhand und in den europäischen Colonien von Amerika erhielt sogar die strengste Sclaverei eine neue Gestalt und Anwendung in der absoluten Herrschaft, welche die weißen Eigenthümer über die schwarze Arbeiterbevölkerung erkauften, die aus Afrika dorthin verpflanzt ward.

In allen diesen Zeitaltern kümmerte sich das Völkerrecht niemals darum. Im achtzehnten Jahrhundert noch schützte und begünstigte das freie England die Sclavenzufuhr aus Afrika. Noch im Jahre 1713 schämten sich die englischen Staatsmänner nicht, in dem Frieden mit Spanien zu Utrecht ausdrücklich auszubedingen, daß es den englischen Schiffen gestattet werde, binnen der nächsten Jahre einige tausend Negersclaven jährlich in die spanischen Colonien einzuführen. Sie betrachteten den Menschenhandel noch als ein vortheilhaftes Speculationsgeschäft, wofür England sich Privilegien einräumen lassen müsse.

Seit ungefähr einem Jahrhundert finden wir eine entschiedene Wendung in den Ansichten der civilisirten Welt. Die Philosophie und die schöne Literatur brachten menschlichere Grundsätze in Umlauf. Von da an beginnt in allen Ländern ein offener Kampf für die persönliche Freiheit wider die Knechtschaft, und die Gesetzgebung verzeichnet und sichert die Siege der Freiheit. Die Leibeigenschaft und Hörigkeit werden theilweise vor, theilweise nach der französischen Verkündung der Menschenrechte in den westeuropäischen Ländern abgeschafft.

Jetzt erst beginnt auch das Völkerrecht die Frage in Betracht zu ziehen; und nun geht England voran in der Bekämpfung der Negersclaverei, welche es selber früher großgezogen hatte. Der Wiener Congreß mißbilligt in einer förmlichen Erklärung vom 8. Februar 1815 den von Afrika nach Amerika betriebenen Negerhandel, „durch welchen Afrika entvölkert, Europa geschändet und die Humanität verletzt" werde. Früher schon hatten auch die Vereinigten Staaten von Amerika diesen schmählichen Seehandel mit schwarzen Menschen gesetzlich verboten. Die Verurtheilung dieser besonders gefährlichen und schädlichen Art der Sclavenzüchtung durch den Spruch der civilisirten Menschheit war nun im Princip entschieden und damit wenigstens erwiesen, daß das Rechtsgefühl der Welt humaner und freier geworden war, als es im Alterthum und im Mittelalter gewesen.

Freilich zeigte sich hier sofort wieder die große Schwierigkeit alles Völkerrechts, dem Urtheil der civilisirten Menschheit Geltung zu verschaffen, ohne die Freiheit der einzelnen Staaten zu gefährden. Zwar ließen sich die europäischen Staaten anfangs herbei, der unablässigen Bestürmung der englischen Diplomatie das verlangte Visitationsrecht ermächtigter Kriegsschiffe gegen verdächtige Sclavenschiffe innerhalb gewisser Meere zuzugestehen und insofern eine Art völkerrechtlicher Seepolizei auch im Friedenszustande einzuführen. In diesem Sinne kam der europäische Vertrag vom 20. December 1841 zu Stande. Aber dieses Untersuchungsrecht begegnete dem Widerspruch der Vereinigten Staaten, welche besorgten, daß dadurch die Uebermacht der englischen Kriegsmarine über ihre Handelsmarine verstärkt und der friedliche Seehandel überhaupt belästigt werde. Auch Frankreich sagte sich nun wieder los von dem Zugeständniß solcher Durchsuchung und trat auf den Standpunkt der Vereinigten Staaten über, welche es vorzogen, gemeinsam mit England Kreuzer auszurüsten, welche an den afrikanischen Küsten zunächst die eigenen Sclavenschiffe verfolgen aber sich hüten sollten, fremde Kauffahrer zu belästigen.

Auf den Vorschlag der nordamerikanischen Bundesregierung kam dann die weitere Verabredung mit England (9. August 1842) zu Stande, gemeinsam die Staaten, welche noch öffentliche Sclavenmärkte gestatten, zur Abstellung dieses Mißbrauchs zu mahnen. Auch diese Maßregel zur Befreiung der Welt von der Schmach der Sclaverei ist nicht ohne Wirkung geblieben. Insbesondere sah sich die Ottomanische Pforte veranlaßt, dem Andringen der Diplomatie Gehör zu geben.

Neuerdings hat die Aufhebung der Leibeigenschaft in dem russischen Reich durch das Manifest des Kaisers Alexander II.

vom 19. Februar 1861 die große Frage endlich für Europa und für einen großen Theil von Asien zu Gunsten der persönlichen Freiheit entschieden. Noch wichtiger ist der Sieg der Freiheit über die Sclaverei in Nordamerika geworden. Seitdem die Verwerfung der Sclaverei zu einem Grundgesetz der Vereinigten Staaten erklärt worden ist (1865), ist dieses Institut nirgends mehr auf dem ganzen Welttheil zu halten. Auch das Kaiserreich Brasilien hat nun die Sclaverei gesetzlich aufgehoben. (1871).

Es wird daher nicht mehr lange dauern, bis das allgemeine Rechtsbewußtsein der Welt die großen Sätze eines jeden humanen Rechts auch mit völkerrechtlichen Garantien schützen wird:

Es giebt kein Eigenthum des Menschen am Menschen. Die Sclaverei ist im Widerspruch mit dem Rechte der menschlichen Natur und mit dem Gemeinbewußtsein der Menschen.

Religiöse Freiheit.

Noch weniger entwickelt, aber wiederum in den Anfängen sichtbar, ist der völkerrechtliche Schutz der religiösen Freiheit gegen grausame Verfolgung und Unterdrückung durch den Fanatismus anderer von dem Staate bevorzugter Religionen. Mit Recht überläßt man den gesetzlichen Schutz der religiösen Bekenntniß- und Cultusfreiheit den einzelnen Staaten und scheut sich bei geringen und zweifelhaften Anlässen die Selbständigkeit des staatlichen Sonderlebens anzutasten. Aber bei großen und schweren Verletzungen jenes natürlichen Menschenrechts bleibt die gesittete Völkergenossenschaft nicht mehr theilnahmelos und stumm. Sie äußert zum mindesten ihre Meinung, giebt Räthe und erläßt Warnungen und Mahnungen. Zuletzt kann eine grobe Mißachtung der Menschenpflicht zu ernster Machtentfaltung auch der Staaten führen, welche sich vorzugsweise berufen fühlen, ihre Glaubensgenossen oder würdiger noch das allgemeine Menschenrecht wider die fanatischen Verfolger zu schützen. Gegenüber der Türkei ist das bereits in einzelnen Fällen geschehen. Die europäischen Mächte haben wiederholt zum Schutze der christlichen Rajahs völkerrechtlich eingewirkt. Das Aufsehen, welches der kirchliche Raub des jüdischen Knaben Mortara auch in dem romanischen und katholischen Westeuropa gemacht hat, beweist, daß das öffentliche Gewissen der heutigen Menschheit nicht blos dann sich zu regen anfängt, wenn die eigene Religion gekränkt wird, sondern auch dann, wenn zu Gunsten der eigenen Religion die heiligen Rechte der Familie verletzt werden.

Gesandtschaften und Consulate.

Geringere Schwierigkeiten standen der Pflege des friedlichen Verkehrs von Staat zu Staat und der Nationen unter einander im Wege. Zu allen Zeiten hatten die Völker — wenige wilde Stämme ausgenommen — mit einander durch Gesandte, als Repräsentanten unterhandelt; und von Alters her wurden diese Gesandten erst durch die Religion, dann durch das Recht als unverletzlich geschützt. Aber die Einrichtung ständiger Gesandtschaften in den verschiedenen Hauptstädten gehört erst der neueren Zeit an und ist in Europa vorzüglich seit Richelieu und Ludwig XIV. allgemeine Sitte geworden. In Folge dessen wurde der fortdauernde Zusammenhang unter den Staaten in dem fortgesetzten persönlichen Verkehr ihrer Vertreter lebendig dargestellt. Das Völkerrecht erhielt so in den Residenzen gleichsam einen persönlichen Ausdruck und eine friedlich wirkende Repräsentation. Es fanden sich da wie in Knotenpunkten des Weltverkehrs die Diplomaten der verschiedenen Staaten zusammen und fingen an, als sogenannte diplomatische Körper sich als völkerrechtliche Genossenschaften zu fühlen. Wenn auch dabei selbstsüchtige Absichten mitgewirkt haben, so hat doch augenscheinlich die Wirksamkeit des Völkerrechts durch diese Einrichtung sehr gewonnen. Wenn ein Staat seine völkerrechtlichen Pflichten offenbar verletzen möchte, so findet er sofort in dem diplomatischen Körper eine gewisse Schranke. Da kein Staat mächtig genug ist, um die Mißbilligung der civilisirten Staatengesellschaft gleichgültig hinzunehmen, so wird diese Stimme des Völkerrechts nicht leicht überhört. Indem diese ständigen Gesandtschaften sich immer weiter über die ganze Erde hin erstrecken, wächst der Verband aller Staaten zu einer gemeinsamen Weltordnung allmählig heran und die völkerrechtlichen Garantien nehmen an Stärke und Ausdehnung zu.

Außer den Gesandtschaften hat das neuere Völkerrecht noch das Institut des Consulats weiter ausgebildet. Die Zahl der Consuln ist viel größer als die der Gesandten und in starker Vermehrung begriffen. Durch die Consulate wird so ein zweites Netz völkerrechtlicher Aemter über die Erdoberfläche ausgebreitet, welche dem friedlichen Verkehr aller Nationen dienen und die Rechtsgemeinschaft in der Welt beleben. Die Consuln sind nicht wie die Gesandten berufen, als eigentliche Stellvertreter der Staaten zu handeln, sie haben vorzugsweise die Interessen der Privaten in fremden Ländern zu wahren und den heimathlichen Rechtsschutz auch in der Ferne wirksam zu machen. Gerade deshalb steigt ihre Wichtigkeit in dem Maße, in welchem der internationale Verkehr reicher und belebter wird.

Zuerst haben die Bedürfnisse und Interessen des Handels die Kaufleute veranlaßt, ins Ausland zu gehen und mit Fremden zu verkehren. Daher sind die Consulate anfangs nur als Handelsconsulate gegründet worden. Auch heute noch ist der Handelsverkehr die wichtigste Beziehung von Nation zu Nation. Aber er ist es heute schon nicht ganz mehr, wie früher. Es giebt bereits eine Menge von Culturbeziehungen aller Art, welche die Nationen ebenfalls verbinden. Nicht einmal mehr die Mehrzahl der Reisenden sind Kaufleute. Die verschiedensten Ursachen bestimmen die Privaten, vorübergehend fremde Länder zu besuchen, oder sich auf längere Zeit auswärts niederzulassen, Interessen der Bildung, der Wissenschaft, der Kunst, der Landwirthschaft, des Vergnügens, der Verwandtschaft u. s. f. Auch diese Masse von Nichtkaufleuten tritt in den Rechtsverkehr mit den Ausländern und bedarf gelegentlich der Förderung und des Schutzes in der Fremde. Die Consuln sind berufen, auch diesen Classen nöthigenfalls beizustehen.

Indem so der Geschäftskreis der Consuln erweitert und ihre Geschäftslast vergrößert ward, genügten nicht überall mehr die alten Handelsconsuln, welche nur nebenher das Consulat verwalteten. Man konnte dem Kaufmann nicht zumuthen, daß er neben seinem eigenen Handel die mannigfaltiger, schwieriger und zahlreicher gewordenen Geschäfte des Consulats unentgeltlich als Ehrenpflicht besorge, und man ward genöthigt, an den begangensten Plätzen und in den Hauptstädten, wo man keine Gesandtschaften unterhält, für besoldete Generalconsuln zu sorgen, welche dann das Consulat als Hauptberuf verwalteten. Das so in Wachsthum begriffene Consulat ist augenscheinlich noch der Hebung und Steigerung fähig und ganz geeignet, die friedlichen und freundlichen Beziehungen der Nationen unter einander und mit den Staaten vielfach zu sichern und zu fördern. Um den ersten Ring der Gesandtschaften wird so ein zweites weiteres Band geschlungen, welches die Gemeinschaft der Welt pflegt.

Fremdenrecht.
Keine Isolirung der Staaten.

Die friedlichen Siege des neueren Völkerrechts haben voraus die Zustände der Fremden sehr verbessert. Die antiken Völker waren noch wie die Barbaren geneigt, die Fremden wie Feinde zu betrachten und für rechtlos zu halten, wenn sie nicht von dem Schutz eines einheimischen Gastfreundes oder von der Schirmhoheit eines mächtigen Patrons gedeckt waren. Die Verbannung in die Fremde, das Exil, galt daher als Verstoßung ins Elend. Auch das Mittelalter behandelte die Fremden noch mit offenbarer Ungunst. Die Fremden waren genöthigt, einen unsicheren Rechtsschutz der Landesherren und der Gemeinden mit schwerem Gelde zu bezahlen; wollten sie ihr Vermögen wieder aus dem Lande wegziehen, so mußten sie auch den Wegzug mit Procenten des Vermögenswerthes erkaufen; starben sie in dem für sie fremden Lande, so pflegte die Herrschaft auch auf ihre Verlassenschaft zu greifen und dieselbe wie herrenloses Gut an sich zu ziehen oder doch die Wegfahrt der Erben mit erheblichen Abzügen zu belasten.

Das Alles ist anders und besser geworden. Die Fremden werden nun in der civilisirten Welt in ihren Menschenrechten geachtet und in den wichtigsten Beziehungen des Privatrechts und des Verkehrs den Einheimischen durchweg gleichgestellt. Die Barbarei des Wildfangs- und des Heimfallsrechts ist endlich aus Europa verschwunden. Zahlreiche Staatenverträge haben die Abzugsrechte gänzlich abgeschafft und sichern die Freizügigkeit. Der deutsche Privatmann lebt in Paris oder in New-York oder in Calcutta eben so sicher wie in Berlin oder in München. Zahllose Fremde aus allen Ländern der Welt wohnen in allen Welttheilen unter einander gemischt friedlich beisammen und fühlen sich in Person, Vermögen und Verkehr nicht minder geschützt als in der Heimath. Mit dem Aufschwung der Transportmittel hat auch die gemeinsame Rechtsbildung Schritt gehalten. Auch sie hat die nationale Isolirtheit durchbrochen und ein internationales Verkehrsrecht geschaffen, von dem sich kein Staat abschließen kann. Wollte er dasselbe mißachten, so würde er nicht blos die Mißbilligung der civilisirten Welt auf sich laden, sondern auch in Gefahr sein, zur Rechenschaft gezogen zu werden, damit er lerne, in den Fremden die Menschen und in dem Verkehr der Nationen die Gemeinschaft der Völker zu achten. Der Gedanke des Weltbürgerrechts, den Kant als eine ideale Hauptforderung des neuen Völkerrechts ausgesprochen, hat heute schon zum Theil eine reale Wahrheit, und dieses Weltbürgerrecht ist so wenig unverträglich mit dem besondern Staatsbürgerrecht, als dieses mit dem Gemeinde- und Ortsbürgerrecht.

Nur in dem Innern der großen Continente von Asien und besonders von Afrika, wohin die Civilisation noch nicht mit Macht vorgedrungen ist, dauert einstweilen noch die früher allgemeine Verneinung des Fremdenrechtes fort, gewiß nicht lange mehr. Mit vollem Rechte nimmt sich jeder Staat seiner Bürger auch in der Fremde insofern an, als dieselben gegen Rechtsverweigerung und Gewaltthat seines Schutzes bedürfen. Der Staatsschutz ist nicht an die Gränzen des Staatsgebiets gebannt. Die Verbindung der Staaten und die Einheit der Menschheit zeigen sich auch darin, daß die schützenden Arme der Staatsgewalt überall hin auf der Erdoberfläche so weit sich ausstrecken, als es mit der rechtlichen Selbständigkeit anderer Staaten verträglich ist. Dieser staatliche Rechtsschutz in der Fremde ist zuweilen von mächtigen Staaten anmaßlich und übermüthig überspannt worden, aber im Großen und Ganzen ist es doch ein großer Fortschritt eines wirksamen Völkerrechts, daß der internationale Verkehr und die Rechtssicherheit der Fremden nicht der Willkür einer launischen Staatsgewalt Preis gegeben und Staaten, welche diese Rechte verletzen, zur Genugthuung und Entschädigung angehalten werden.

Selbst die völlige Abschließung und Isolirtheit eines Staates wider jeden Fremdenverkehr, in früherer Zeit als ein selbstverständliches Recht eines souveränen Staates betrachtet, erscheint dem heutigen Rechtsbewußtsein als eine Verletzung des natürlichen Menschenrechts, welches für alle Nationen einen gesicherten Rechtsverkehr fordert, damit die Menschenanlage zu voller und reicher Entfaltung gelangen und so die Bestimmung des Menschengeschlechts erfüllt werde könne. In den letzten Jahrhunderten hatte sich so die ostasiatische Welt gegen die europäisch-amerikanische völlig abgeschlossen. Die chinesischen und japanischen Seehäfen und Handelsstädte blieben lange Zeit den Schiffen und Kaufleuten der christlichen Nationen versperrt. Aber in unsern Tagen sind auch diese trennenden Schranken vor der zwingenden Macht des erstarkten menschlichen Völkerrechts gefallen und die ostasiatischen Reiche in die Handels- und Verkehrsgemeinschaft mit den Europäern und Amerikanern eingetreten. Im Jahre 1842 hat England das chinesische Weltreich zuerst genöthigt, in dem Frieden von Nanking seine Häfen wieder zu öffnen, und im Jahre 1858 haben die Vereinigten Staaten von Nordamerika zuerst wieder Japan dem Weltverkehr erschlossen. Seither berühren sich und wirken auf einander die christlich-moderne und die ostasiatische alte Civilisation, und das Völkerrecht hat wiederum einen gewaltigen Fortschritt zum allgemeinen Weltrecht gemacht.

Gemeinschaft der Gewässer.
Freie Schiffahrt.

Würde sich die Luft nicht jeder menschlichen Absperrung im Großen entziehen, so hätte sicherlich die souveräne Selbstsucht der Einzelstaaten auch die Luft über ihrem Lande als ihr ausschließliches Eigenthum anzusprechen hier oder dort den Versuch gemacht. Aber die Staaten haben keine Gewalt über die mächtige Bewegung der Luftströme, welche unbekümmert um alle Landesgränzen ihren Weg nehmen. Auch das Meer und die öffentlichen Gewässer sind von der Natur mit einander verbunden und, wenn sie auch die Länder zuweilen trennen, so dienen sie doch zugleich, den Verkehr der verschiedenen Nationen zu erleichtern. Sie verbinden auch die Küsten und Ufer welche sie bespülen. Da haben es aber die Staaten wirklich lange versucht, ihre Alleinherrschaft möglichst weit auch über die Gewässer auszudehnen und die Freigebigkeit der gemeinsamen Natur ausschließlich für sich auszubeuten. Sogar über das offene Meer hin wollte die mittelalterliche Staatshoheit ihr Eigenthum ausbreiten. Die Republik Genua nahm über das ligurische, Venedig über das adriatische Meer eine ausschließliche Seeherrschaft in Anspruch. Die Könige von Spanien und Portugal behaupteten, die westindischen Meere gehören ihnen allein zu, weil der Papst Alexander VI., dem diese Meere so wenig als die westindischen Länder jemals gehört hatten, ihnen dieselben geschenkt habe. Als Hugo de Groot zuerst diese sinnlose Anmaßung widerlegte und für die „Freiheit der Meere" seine Fürsprache unternahm, mußte er noch mancherlei hergebrachte Mißbräuche schonen. Lange nachher noch und bis ins achtzehnte Jahrhundert hinein wollte England über die Meere, welche die Großbritannischen Inseln umschließen, eine ausschließliche Seehoheit behaupten.

Dem langsamen aber stätigen Wachsthum der völkerrechtlichen Erkenntniß haben endlich alle diese anmaßenden Uebergriffe weichen müssen. In dem heutigen Rechtsbewußtsein der civilisirten Welt haben die beiden wichtigen Sätze feste Wurzeln:

> • Kein Staat hat eine besondere Seehoheit über die offene See. Die unter einander verbundenen Meere sind der freien Schiffahrt aller Nationen offen.

Vor wenig Jahren erst sind einige letzte Reste der älteren selbstsüchtigen Beschränkung und Ausbeutung weggeräumt worden. Das Marmormeer, obwohl es von den Türkischen Küsten umschlossen ist und seine enge Einfahrt leicht von den Dardanellenschlössern beherrscht werden kann, und das Schwarze Meer, welches Rußland für sich in Beschlag zu nehmen bemüht war, sind durch die Friedensschlüsse von Adrianopel (1829) und Paris (1856) der freien Schiffahrt aller Nationen geöffnet worden. Noch im Jahre 1841 wurde der Sundzoll, den Dänemark von den Seefahrern zwischen der Nordsee und der Ostsee seit Jahrhunderten erhob, als herkömmliches und in vielen Staatsverträgen bestätigtes Recht von den meisten Seemächten anerkannt. Aber als endlich die Vereinigten Staaten erklärten, sie werden dieses geschichtliche Recht, welches dem natürlichen Recht der freien Seefahrt widerstreite, nicht ferner respectiren, ließ sich auch Dänemark willig auf den anerbotenen Loskauf mit den europäischen Staaten ein. Die Freiheit der Meere ward nun auch in diesem Falle anerkannt.

Nachdem einmal der natürliche Zusammenhang der öffentlichen Gewässer und ihre Bestimmung, der Schiffahrt aller Nationen zu dienen, erkannt und anerkannt war, führten diese Gedanken zu weiteren Befreiungen. Man mußte zugestehen, daß die Gebietshoheit sich nicht ganz auf den festen Erdboden beschränken läßt. Mehr noch als der nasse Küstensaum am Meere, und als die Buchten und Rheden, welche vom Festland her theilweise beherrscht werden, gehören die großen Ströme und Flüsse, welche durch ein Land fließen oder seine Gränze bilden, und die Häfen, welche durch öffentliche Werke geschützt sind, damit sie hinwieder die Schiffe schützen können, einem bestimmten Staatsgebiete zu und sind der Aufsicht und Sorge des Einzelstaates unterworfen. Sie sind ein fließender Theil des Landes, und nicht wie das offene Meer frei von jeder besonderen Staatshoheit.

Allein neben jener Zutheilung zu einem Sondergebiete muß auch die natürliche Verbindung der schiffbaren Ströme,

Flüsse, Seen, Häfen mit der offenen See beachtet werden, und insoweit ist jene ausschließliche Gebietshoheit durch die Rücksicht auf die Verkehrsgemeinschaft zu ermäßigen und abzuändern. Von dem freien und offenen Meere her fahren die Schiffe der verschiedenen Nationen in die Seehäfen und in die Flüsse der Staaten ein. Die Freiheit des internationalen Verkehrs wäre gehemmt und die Gemeinschaft in der Benutzung öffentlicher Gewässer wäre gestört, wenn jeder Staat willkürlich alle seine Häfen und Flüsse für fremde Schiffe unzugänglich machen dürfte. Wenn ein Fluß durch mehrere Staatsgebiete hindurch fließt, um sich ins Meer zu ergießen, so könnten die einen Staaten, insofern ihre Gebietshoheit nicht beschränkt würde, die andern von dem Seeverkehr absperren, und die Gewässer würden ihrer natürlichen Bestimmung, die Nationen zu verbinden, entfremdet.

Zuerst wurde diese neue Forderung des Völkerrechts, daß der Zusammenhang der öffentlichen Gewässer beachtet und die Freiheit der Schiffahrt geschützt werde, im Pariser Frieden von 1814 in Anwendung auf die Rheinschiffahrt ausgesprochen und zugleich eine allgemeine Durchführung des Princips auf allen europäischen Flüssen in Aussicht gestellt. Es war hauptsächlich das Verdienst des Preußischen Gesandten, Wilhelms von Humboldt, diesen Fortschritt der völkerrechtlichen Verkehrsgemeinschaft anzutragen. Die Wiener Congreßacte von 1815 (Art. 108 ff.) verkündete sodann die Freiheit der Schiffahrt auf allen schiffbaren Flüssen, welche zwei oder mehrere Gebiete durchströmen, und wendete diesen Grundsatz ausdrücklich auch auf die schiffbaren Nebenflüsse des Rheins an, ferner auf die Schelde, deren Mündungen lange Zeit durch die Holländer für die Belgischen Schiffe gesperrt waren, die Maas, die Elbe, die Oder, die Weser, die Weichsel und den Po. Von da an mußten allmählig die mancherlei aus dem Mittelalter überlieferten Flußzölle der wachsenden Freiheit weichen und sowohl die Uferstaaten als die Seemächte hatten nun ein festes Princip gewonnen, von welchem aus sie alle herkömmlichen Beschwerden und Gebühren bekämpften, durch welche der Schiffahrtsverkehr belastet und gehemmt war. Nur solche Gebühren blieben gerechtfertigt, welche als Gegenleistung erschienen für nothwendige oder nützliche Dienste. Später erst nahmen die Donaustaaten das neue Princip an. Aber endlich wurde durch den Pariser Frieden von 1856 auch die Donau den Schiffen aller Nationen geöffnet.

Die Logik des Gedankens nöthigt uns, dieselbe Freiheit der Schiffahrt auch bezüglich der Ströme zu fordern, welche nur durch Ein Staatsgebiet fließen, aber, indem sie ins Meer münden, von Natur dem Weltverkehr dienen. Diese Forderung ist aber zur Zeit noch nicht allgemein anerkannt. Mancher Staat verweigert heute noch fremden Schiffen die Benutzung seiner Eigenflüsse, während er für seine Schiffe die freie Schiffahrt auf Flüssen fordert, deren Wasser nirgends seine Ufer bespült, die durch mehrere fremde Staatsgebiete fließen. Das ist ein auffallender und grober Widerspruch. Weshalb sollte Ein Staat mehr Recht haben an seinem Eigenflusse, als die sämmtlichen Uferstaaten zusammen an ihrem Gemeinflusse? Wenn diese genöthigt sind, ihre Flüsse dem Weltverkehr zu öffnen, warum sollte jener seine Flüsse gegen den Welthandel absperren dürfen? Wie sollten die fremden Schiffe, welche völkerrechtlich befugt sind, einen Gemeinfluß zu befahren, diese Befugniß verlieren, wenn in Folge von Gebietsabtretungen Ein Staat in den Besitz des ganzen Flusses gelangt? Sollte z. B. der Po der Schiffahrt offen stehen, so lange er durch mehrere Staatsgebiete floß, und abgesperrt werden können, seitdem er ganz und gar in den Besitz des Königreichs Italien gelangte? Der Mississippi war im vorigen Jahrhundert noch ein

Gemeinstrom, an dem auch England und Spanien Theil hatten und gehört heute ganz den Vereinigten Staaten zu. Hat er in Folge dessen seine Natur verändert und ist seine Bedeutung für den Weltverkehr geringer geworden? Jene Unterscheidung zwischen der freien Schiffahrt auf mehrstaatlichen Weltströmen und der unfreien Schiffahrt auf einstaatlichen Weltströmen ist also unhaltbar.

Vermittlung in Streitfällen. Schiedsrichterliches Verfahren.

Gerathen zwei Staaten in einen ernsten Rechtsstreit mit einander, so sind sie noch immer geneigt, in Ermangelung eines völkerrechtlichen Gerichtshofs, den Weg der Selbsthülfe zu betreten, und die äußerste Selbsthülfe ist der Krieg. Es ist das ohne Zweifel noch eine barbarische Seite der heutigen Weltordnung, und wir müssen zugestehen, daß in dieser höchst wichtigen Hinsicht die Fortschritte des Völkerrechts noch beschämend klein sind. Wir können höchstens einige unentwickelte Keime zu einer civilisirteren Rechtspflege entdecken. Auf dem Pariser Congresse von 1856 gaben die versammelten Mächte im Interesse des Friedens den Wunsch zu Protokoll, daß die Staaten, unter denen ein Streit sich erhebe, nicht sofort zu den Waffen greifen, sondern zuvor die guten Dienste einer befreundeten Macht anrufen möchten, um den Streit friedlich zu schlichten. Man wagte nicht, den Wunsch als Rechtsforderung auszusprechen, und die Mächte wollten sich lieber nicht binden.

Vielleicht wird, was hier gewünscht ward, später in eine völkerrechtliche Rechtspflicht umgewandelt, ebenso wie in manchen Ländern die Rechtsstreite der Privatpersonen vorerst an einen Friedensrichter zum Sühneversuch gebracht werden müssen, bevor sie gerichtlich im Proceß verfolgt werden dürfen. Es wäre damit der Krieg nicht verhindert, aber eine neue Garantie für den Frieden gewonnen.

In den Staatenbünden giebt es auch kein Bundesgericht, welches zuständig wäre, über die Streitigkeiten zwischen den verbündeten Einzelstaaten zu urtheilen. Da kennt man seit Jahrhunderten das Verfahren vor Schiedsrichtern oder Austrägen, welche den Proceß ohne Krieg durch Rechtsspruch erledigen. Den Einzelstaaten ist es oft zur Pflicht gemacht, diesen schiedsrichterlichen Weg zu betreten und sich aller kriegerischen Gewalt zu enthalten. Auch unter nicht verbündeten Staaten wird zuweilen dieses Mittel der Rechtspflege benutzt, aber eine allgemeine Rechtspflicht dazu besteht noch nicht. Vielleicht wird es einem der nächsten völkerrechtlichen Congresse gelingen, wenigstens für gewisse Streitfragen die Pflicht des schiedsrichterlichen Verfahrens auszusprechen und dieses zugleich in seinen Grundzügen zu ordnen.

Er giebt Streitigkeiten, für welche die letzte Rechtshülfe der Krieg vernünftiger Weise unmöglich ist. Dahin gehören durchweg alle Entschädigungs- und alle Etikette- und Rangfragen. Der Werth des Streites steht in solchen Fällen in einem allzu großen Mißverhältnisse zu den nothwendigen Kriegskosten und zu den unvermeidlichen Kriegsübeln, als daß ein Staat, der bei gesunden Sinnen ist, sich entschließen möchte, zu diesem Mittel zu greifen. Für derartige Fälle sollte immer ein friedliches Schiedsgericht angerufen werden können; sonst bleiben sie unerledigt und verbittern die Stimmung auf die Dauer. Freilich ist es nicht leicht, geeignete Richter zu finden. Wählt man eine neutrale große Macht, so ist man doch nicht sicher, daß dieselbe auch ihre eigenen politischen Interessen und Neigungen bei dem Schiedsspruch in die Wage lege. Man ist auch nicht sicher, daß der gewählte Fürst, auch wenn er kein eigenes Interesse hat, geeignete Berather beiziehe;

die zugezogenen aber bleiben oft verborgen und daher unverantwortlich. Den ordentlichen Gerichtshöfen, an die man sich wenden könnte, fehlt meistens die völkerrechtliche Bildung und die freie staatsmännische Praxis. Auch die Juristenfacultäten, auf welche Professor Lieber verwiesen hat, bieten für die Kenntniß staatlicher Dinge keine hinreichende Gewähr, wenn gleich die wissenschaftliche Einsicht und Ehre in ihnen ausgezeichnet vertreten ist. Vielleicht würde eine internationale Akademie die geeigneten rechtskundigen Männer vereinigen können, aus denen die Schiedsrichter zu wählen wären. Obwohl man noch tastend nach friedlichen Rechtsmitteln sucht, so haben England und die Vereinigten Staaten von Amerika und ebenso diese und Mexiko durch die Anordnung eines Schiedsgerichts im Jahre 1871 zur Erledigung ihrer Streitigkeiten ein bedeutsames Vorbild für den Fortschritt der Zukunft gegeben.

Kriegsrecht.

Recht gegen die Feinde.

Die Staaten sind Feinde, nicht die Privaten.

Seine herrlichsten Siege hat der humane Geist des modernen Völkerrechts gerade da erfochten, wo dem Rechte gewöhnlich die geringste Macht zugeschrieben wird. Im Kriege nämlich tritt die massive Gewalt wider die Gewalt in den Kampf und die feindlichen Leidenschaften ringen mit einander auf Leben und Tod. Eben in diesem wilden Stadium des Völkerstreites gilt es vor allen Dingen, die civilisatorische Macht des Völkerrechts zu zeigen. In der That, sie hat sich in der Ausbildung eines civilisirten Kriegsrechts, durch welches die alte barbarische Kriegssitte großentheils verdrängt

und unterlaßt wird, glänzend bewährt. Die Kriege sind mensch=
licher, gesitteter, milder geworden, und nicht bloß thatsächlich
durch die veredelte Kriegführung, sondern eben so rechtlich durch
die Vervollkommnung des Völkerrechts.

Die alten Völker betrachteten die Feinde, mit denen sie
im Kriege waren, als rechtlose Wesen und hielten Alles gegen
sie für erlaubt. Dem heutigen Rechtsbewußtsein ist es klar,
daß die Menschenrechte auch im Kriege zu beachten sind,
weil die Feinde nicht aufgehört haben, Menschen zu sein.

Bis auf die neueste Zeit dehnte man überdem den Begriff
des Feindes ungebührlich aus und behandelte höchstens aus
sittlichen oder politischen Rücksichten, aber keineswegs aus
Rechtsgründen, die unkriegerische Bevölkerung des feindlichen
Staates mit einiger Schonung. Noch Hugo de Groot und
Pufendorf betrachteten es als hergebracht, auf den Consens
der Völker beruhende Rechtssätze, daß alle Staatsangehö=
rigen der beiden Kriegsparteien, also auch die Weiber, die
Kinder, die Greise, die Kranken Feinde und daß die Feinde
als solche der Willkür des Siegers unterworfen seien.

Erst die schärfere Unterscheidung des heutigen Rechtsbe=
wußtseins hat den Grundgedanken klar gemacht, daß der Krieg
ein Rechtsstreit der Staaten, beziehungsweise politischer
Mächte und keineswegs ein Streit zwischen Privaten
oder mit Privaten sei. Dieser Unterschied, den die Wissen=
schaft erst begriff, als ihn zuvor die Praxis thatsächlich beachtet
hatte, zieht eine Reihe der wichtigsten Folgerungen nach sich.

Jedes Individuum nämlich steht in einem Doppelverhält=
niß. Einmal ist es ein Wesen für sich, d. h. eine Privat=
person. Als solche hat es einen Anspruch auf einen weiten
Kreis von persönlichen Familien= und Vermögensrechten, mit
Einem Wort auf sein Privatrecht. Da nun der Krieg nicht
gegen die Privaten geführt wird, so giebt es auch keinen

Rechtsgrund, nach welchem das Privatrecht im Kriege untergehen oder der Willkür des Feindes bloßgestellt werden sollte.

Sodann ist jedes Individuum ein Glied und Angehöriger einer Staatsgemeinschaft. Insofern ist es allerdings mitbetheiligt bei dem Streite seines Staats. Das Schicksal des Vaterlandes ist den Kindern des Landes nicht fremd. Sie nehmen Theil an den Erfolgen und an den Leiden des Staates, dem sie angehören. Sie sind auch durch ihre Bürgerpflicht verbunden, dem Staate in der Gefahr Beistand zu leisten mit Gut und Blut. In dem ganzen Bereich des öffentlichen Rechts sind alle Staatsangehörigen dem Staate verpflichtet.

Aus dieser Unterscheidung ergeben sich folgende Hauptsätze des modernen Völkerrechts: Die Individuen sind als Privatpersonen keine Feinde, als Staatsangehörige sind sie betheiligt bei der Feindschaft der Staaten. So weit das Privatrecht maßgebend ist, dauert also das Friedensverhältniß und das Friedensrecht fort. So weit das öffentliche Recht entscheidet, ist das Feindesverhältniß eingetreten und wirkt das Kriegsrecht.

In Folge dieser Grundsätze sind die Gefahren, welche der Krieg über die friedliche Bevölkerung herbei zieht, sehr viel geringer geworden.

Im Alterthum waren auch die wehrlosen Personen, die Frauen und Kinder, in stäter Gefahr, von den feindlichen Kriegern mißhandelt, zu Sclaven gemacht und verkauft oder getödtet zu werden. Der politische Verstand der Römer hielt dieselben in den meisten Kriegen ab, von diesem vermeintlichen Rechte einen ausgedehnten Gebrauch zu machen, denn sie wollten die Völker beherrschen, nicht vertilgen; aber die römischen Rechtsgelehrten hatten nicht den geringsten Zweifel an dem Rechte zu solchen Handlungen. Nur die Götter und ihre Tem-

pel gewährten einigen Schutz vor der Rohheit und dem Blut-
durst der stürmenden Krieger; aber auch dieser Schutz war
unsicher und auf sehr enge Gränzen beschränkt.

Auch im Mittelalter gab es keine schützende Rechtsregel.
Die eigentliche Sclaverei war nicht mehr in den Sitten, außer
etwa zum Nachtheil kriegsgefangener Muhammedaner. Aber
die Rohheit war größer als in dem civilisirteren Römerreiche.
Auch friedliche Leute waren der äußersten Gewaltthat und selbst
dem Tode ausgesetzt, wenn der Feind mit Kriegsgewalt ihr
Land überzog. Der dreißigjährige Krieg noch ist mit allen
Gräueln soldatischer Barbarei befleckt.

Der humane Groot wagt es noch nicht, solcher Missethat
das Brandmal der völkerrechtlichen Verurtheilung aufzudrücken.
Im Gegentheil, er erkennt noch die völkerrechtliche Erlaubniß
dazu an und mißbilligt diese Barbarei nur aus moralischen und
vernünftigen Gründen. Die einzige völkerrechtliche Schranke
findet er in dem Verbot, die Frauen zu mißbrauchen, zu welchem endlich das christliche Völkerrecht sich entschlossen habe.

Das heutige Völkerrecht verwirft den Gedanken einer absoluten Willkürgewalt über die Privatpersonen vollständig und
gestattet weder Mißhandlung noch Beleidigung, am wenigsten
Tödtung derselben. Das Recht der persönlichen Sicherheit, der
Ehre, der Freiheit ist Privatrecht und dieses bleibt im Kriege
unversehrt. Die feindliche Kriegsgewalt ist nur zu den Maßregeln befugt, welche zu Staatszwecken dienen und im Interesse
der Kriegsführung liegen. Sie kann die freie Bewegung der
Privaten hemmen, den Privatverkehr unterbrechen, Straßen
und Plätze absperren, die Einwohner entwaffnen u. s. f. Wie
das Privatrecht sich dem gewaltigeren Rechte der Gesammtheit,
d. h. dem Staatsrecht auch im Frieden unterordnen muß, aber
doch nicht von dem öffentlichen Rechte aufgehoben und ver-
schlungen werden darf, so legt das öffentliche Kriegsrecht seine

nothwendigen Gebote auch den Privaten auf, aber es erkennt zugleich das Privatrecht an. Die allgemeine Noth und Gefahr, welche der Krieg auch über die Privaten verhängt, ist ohnehin groß und schadet genug; die unvermeidlichen Leiden der Bevölkerung dürfen daher nicht grund- und zwecklos durch vermeidliche Uebel vergrößert und erschwert werden. Freilich wird auch jetzt noch die Rechtsregel in der Praxis nicht immer genau befolgt, und mancherlei Ungebühr wird noch straflos im Kriege gegen Privaten verübt. Aber im Großen und Ganzen ist es wahr, daß die friedlichen Bewohner einer Stadt oder selbst eines Dorfes und einzelner Höfe dem Gang der Kriegsereignisse mit weit mehr Ruhe entgegensehen dürfen, als in irgend einer früheren Periode der Geschichte. Es ist ein großes Verdienst Vattel's, daß er zuerst der humaner werdenden Kriegsübung der stehenden Heere auch einen völkerrechtlichen Ausdruck gegeben und durch seine klare Darstellung des neueren Völkerrechts gerechtere Grundsätze populär gemacht hat.

In einer andern Lage freilich sind diejenigen Personen, welche an der Kriegsführung selbst einen thätigen Antheil nehmen, voraus das Heer und wer sonst mit den Waffen oder durch persönliche Dienste den Kampf unterstützt. Nach der ältern wiederum barbarischen Theorie sprach man hier von einem Recht der Kriegsgewalt über Leben und Tod ihrer activen Feinde. Das humane Völkerrecht von heute verwirft auch dieses angebliche Recht der Gewalt als grundlos.

Allerdings wer an dem Kampfe Theil nimmt, freiwillig oder gezwungen, der ist den Gefahren des Kampfes Preis gegeben und dieser Kampf wird auf Leben und Tod geführt. So weit das natürliche Recht des Kampfes reicht, so weit muß auch das Recht gehen, den kämpfenden Feind zu tödten, aber nicht weiter. Jenes Recht aber ist bedingt durch die rechtliche Bedeutung und begränzt durch den Zweck des Kriegs. Niemals darf der Krieg mit seiner furchtbaren Gewalt selber Zweck sein. Er ist immer nur staatliche Rechtshülfe und ein Mittel für Staatszwecke. Deßhalb ist die Kriegsgewalt keine absolute. Sie findet demnach von Rechts wegen ihre Gränze und ihr Ende, wo sie nicht mehr dem Staatszweck dient.

Es ist daher erlaubt, den Feind, der Widerstand leistet, mit tödtlichen Geschossen zum Weichen zu nöthigen, erlaubt, den bewehrten Gegner im Einzelkampfe zu tödten, erlaubt, den fliehenden Feind zu verfolgen, weil das Alles nöthig ist, um den Sieg zu erstreiten und zu sichern. Aber es ist nicht erlaubt, den Feind zu tödten, der seine Waffen ablegt und sich ergiebt, oder der verwundet auf dem Schlachtfelde liegt und unfähig ist, den Kampf fortzusetzen, und nicht erlaubt, die Aerzte, Feldgeistlichen und andere Nichtkämpfer einzeln zu tödten, weil das nicht nöthig ist, um den Sieg zu gewinnen, die unzweckmäßige Tödtung aber rohe Grausamkeit wäre. Die kriegerische Gewalt darf nicht dem zügellosen Hasse und wilder Rachsucht dienen, denn sie ist Rechtshülfe und Staatsgewalt. Dies Gebot der Menschlichkeit darf auch nicht von der aufgeregten Wuth der kriegerischen Leidenschaft überhört werden. Der militärische Befehl, „keinen Pardon zu geben und Alles niederzumachen", ist eine völkerrechtswidrige Barbarei und wird nur als Repressalie noch und zur Abwendung eigener äußerster Lebensgefahr zugelassen. Auch hier ist es wieder Vattel, welcher die humaneren Grundsätze des neuen Völkerrechts zuerst mit Erfolg vertheidigt hat. Um dieses Verdienstes willen um die Civilisation gebührt ihm eine hohe Stelle unter den Lehrern und Förderern des Völkerrechts.

Mit großem Nachdruck und Eifer für militärische Ehre bestreitet er auch den absurden Satz der früheren Schriftsteller, daß man dem hartnäckigen Vertheidiger eines festen Platzes den Tod als Strafe drohen dürfe, wenn er denselben nicht übergebe. Die Tapferkeit des Feindes wird niemals ein strafwürdiges Verbrechen, auch nicht, wenn sie eine vielleicht unhaltbare Stellung zu behaupten sucht. Während des Kampfes ist Schonung nicht am Platze und, wer sein eigenes Leben einsetzt, mit dem darf man nicht rechten, wenn er das Leben seines Feindes angreift. Die hartnäckigste Vertheidigung kann dazu dienen, dem übermächtigen Feinde Achtung abzunöthigen und bessere Friedensbedingungen zu erzielen. Zur Strafe darf der Sieger nur die tödten, welche ein strafbares Verbrechen begangen haben, z. B. die Seeräuber, die Spione oder Marodeurs. Aber diese Art der Tödtung setzt ein strafgerichtliches Verfahren voraus, wenn auch vielleicht das summarische des Standrechts. Das ist nicht mehr Kampfesrecht, sondern Strafrecht.

Auch das Recht, die Angehörigen des feindlichen Staates, vorzüglich die bei der Kriegsführung Betheiligten zu Kriegsgefangenen zu machen, ist durch den Zweck des Kriegs begränzt und darf nur als ein Mittel zum endlichen Frieden benutzt werden. Die Kriegsgefangenschaft der neueren Zeit ist nicht mehr, wie die antike, eine zeitige Sclaverei. Die Kriegsgefangenen dürfen nicht als Verbrecher, nicht als Züchtlinge behandelt werden. Sie werden nicht zur Strafe, sondern der Sicherheit wegen und um den Feind eher zum Frieden zu nöthigen, in ihrer Freiheit beschränkt und verwahrt. Sie dürfen daher nicht mißhandelt und gequält, noch zu Arbeiten angehalten werden, welche ihrer Lebensstellung nicht angemessen sind, auch dann nicht, wenn man von ihnen fordern kann, daß sie ihren Lebensunterhalt mit ihrer Arbeit verdienen. Sogar ihre Bewegung und ihre Beschäftigung sind nicht mehr zu beschränken, als es das Interesse der Sicherheit fordert. Die heutige

Sitte verlangt sogar, daß die kriegsgefangenen Officiere auf ihr Ehrenwort in relativer Freiheit gelassen werden. Nur wenn sie dieselbe mißbrauchen zu staatsfeindlichen Zwecken oder Fluchtversuche machen, sind sie strenger zu bewachen. So lange nicht die Sicherheit und die gute Ordnung darunter leiden, sind auch den Kriegsgefangenen unbedenklich diejenigen Genüsse zu verstatten, für welche sie auf eigene Kosten sorgen oder die ihnen von ihren Landsleuten und Freunden ermöglicht werden.

Mit edler Sorge nimmt sich das heutige Völkerrecht auch der verwundeten Feinde an. Die Beschlüsse des internationalen Congresses zu Genf im August 1864, welcher auf Einladung der Schweiz von einer großen Anzahl von Staaten beschickt wurde, erkennen den Rechtsgrundsatz an, daß die ärztliche Sorge, welche den eigenen Verwundeten zu Theil wird, auch auf die verwundeten Feinde in wesentlich gleicher Weise ausgedehnt werden solle. So ward das christliche Princip der Feindesliebe in die bindende Form des Menschen= und Völkerrechts übersetzt.

Feindliches Vermögen im Landkriege.

Nicht minder groß sind die Fortschritte, welche das neuere Völkerrecht in der Anerkennung und dem Schutze des feindlichen Vermögens gemacht hat. Freilich besteht hier noch zwischen Land= und Seekrieg ein bedeutender Unterschied. In jenem ist die alte Barbarei früher und vollständiger überwunden worden, als in diesem.

Die antiken Völker, welche den Feind als rechtlos ansahen, betrachteten auch das Vermögen aller derer, die sie Feinde nannten, als einen Gegenstand freier Besitz= und Wegnahme. Das Grundeigenthum der Feinde verfiel dem siegreichen Staat, ihre Habe ward von den Truppen erbeutet und dem Feldherrn überliefert, welcher über die Vertheilung frei verfügte. Keine Rechtsvorschrift hinderte das Heer, die Häuser der Feinde abzubrennen und ihre Pflanzungen zu verwüsten. Die Sitte war freilich oft menschlicher als das Recht und die Politik schonte oft, wo das Recht Zerstörung und Raub gestattete. Aber in vielen Fällen zeigte sich auch die wilde Rohheit eines barbarischen Kriegsrechts in ihrer barbarischen Gestalt, ohne Maß und ohne Scham.

Nicht viel anders war es im Mittelalter. Die damaligen Fehden waren weniger blutig als die antiken Schlachten, aber um so verderblicher für das Eigenthum und den Wohlstand der betroffenen Gegenden. Das Grundeigenthum blieb zwar meistens unverändert, aber die Dörfer wurden niedergebrannt, die Burgen gebrochen, die Bäume umgehauen, das Vieh weggeführt, die Habe der friedlichen Leute als gute Beute geraubt.

Auch hier bewährt jener Grundsatz des heutigen Rechts, daß der Krieg gegen den Staat und nicht gegen die Privaten geführt werde, seine heilsame Wirkung.

Wir unterscheiden nun zwischen öffentlichem Vermögen und Privatgut. Das öffentliche Vermögen, welches dem feindlichen Staate gehört, darf im Kriege angegriffen und von dem Sieger weggenommen werden. Voraus bemächtigt sich die Kriegsgewalt aller der Sachen des Feindes, welche Bezug auf die Kriegsführung selber haben, der Waffen, der öffentlichen Magazine und Vorräthe, der Kriegscasse, denn voraus ist die Kriegsgewalt berechtigt, dem Feinde die Mittel zu entwinden, mit denen derselbe Krieg führt und Widerstand leistet. Ferner ergreift sie, indem sie in feindlichem Staate fortschreitet, die Zügel der Staatsgewalt und nimmt mit Recht die öffentliche Autorität einstweilen für sich in Anspruch. Sie verfügt daher über die öffentlichen Gebäude, nimmt die Finanzgefälle aller Art in ihre Hand, und erstreckt ihre Hand über die öffentlichen Cassen; denn es dient das, den feindlichen Staat zu überwinden und zum Frieden zu zwingen.

Indessen sogar innerhalb des öffentlichen Vermögens beginnt die civilisirte Welt feiner zu empfinden und wichtige Unterscheidungen zu machen. Nicht alles öffentliche Gut dient in gleicher Weise dem Staate und daher auch schließlich seiner Kriegsmacht. Viele öffentliche Anstalten dienen mit ihrem Vermögen andern „eher socialen Zwecken". Die Kirchen sind den religiösen Bedürfnissen der Bewohner geweiht. Die Spitäler sind für Kranke bestimmt. Die Schulen, die Bibliotheken, die Laboratorien, die Sammlungen sind für die Zwecke der Bildung und der Wissenschaft gegründet. Eben deshalb sind sie, wie die Amerikanischen Kriegsvorschriften es ausdrücken (§. 34), nicht im Sinne des Kriegsrechts als öffentliches Vermögen zu betrachten und sollen ihren Zwecken nicht entfremdet werden. Der Raub von Kunstschätzen und Denkmälern, noch in den Revolutionskriegen zu Anfang dieses Jahrhunderts oft geübt, erscheint dem öffentlichen Gewissen bereits als anstößig und widerrechtlich, weil diese Dinge keinen nahen Bezug auf den Staat und den Krieg haben, sondern der friedlichen Cultur der bleibenden Nation dienen.

Wenn das heutige Völkerrecht sogar einen Theil der öffentlichen Güter vor den Griffen des Siegers bewahrt, so versteht sich der Schutz des Privateigenthums nun von selbst. Ein Recht des Siegers, das Grundeigenthum den Privaten wegzunehmen und sich anzueignen, wird nicht mehr anerkannt. Die Eroberung ist ein Act der Staatsgewalt, und läßt das Privateigenthum unversehrt. Der Pariser Cassationshof hat daher mit gutem Grunde entschieden, daß selbst die fürstlichen Privatgüter kein Gegenstand der Eroberung seien und daß nur die Güter, welche dem Fürsten als Staatshaupt zugehören, von dem fiegenden Feinde weggenommen werden dürfen. Das Privateigenthum ist also nur insofern der Kriegsgewalt unterworfen, als es auch der Staatsgewalt unterworfen bleibt. Die Grundeigenthümer müssen sich gefallen lassen, daß das Heer, soweit die Kriegsoperationen es nöthig machen, vorübergehend ihre Häuser und Güter besetze; aber sobald das kriegerische Nothrecht mit der Noth selbst erlischt, tritt auch die Regel des freien Eigenthums von selber wieder in Kraft.

Endlich hat das gereiftere Rechtsbewußtsein der civilisirten Welt es eingesehen, daß auch jenes angebliche Beuterecht im Krieg, trotz der zahlreichen und ehrwürdigen Autoritäten der römischen Rechtswissenschaft und der mittelalterlichen Rechte, eitel Unrecht sei und sich mit einer gesicherten Weltordnung durchaus nicht vertrage. Es ist beschämend für unsere Wissenschaft, daß sie in dieser wichtigen Frage nicht eher die Wahrheit erkannt hat, als bis ihr die veredelte Kriegsführung der heutigen Staaten durch die thatsächliche Mißbilligung und durch das militärische Verbot aller Beutemacherei vorausgegangen ist. Während die Gelehrten sich noch immer durch die alten Autoritäten täuschen ließen, arbeiteten die Generale mit eiserner Disciplin an der Abschaffung jenes offenbaren Raubs, den man vergeblich sich bemüht, als Recht auszugeben. Worauf denn sollte sich dieses angebliche Beuterecht gründen? Etwa auf den alten Wahn, daß der Feind ein rechtloses Wesen sei? Aber der Feind ist ein Mensch und jeder Mensch ein Rechtswesen. Oder auf die Vorstellung, daß im Kriege die Gewalt herrsche? Aber es ist ja der Beruf des Völkerrechts, auch die Kriegsgewalt mit den Zügeln des Rechts zu bändigen. Oder auf den Gedanken, daß dem Feinde zu schaden natürliches Kriegsrecht sei? Aber die Privatpersonen sind als solche nicht

Feinde, und das Privateigenthum darf daher nicht willkürlich geschädigt werden. Oder auf die Uebereinstimmung der Völker? Aber die civilisirtesten Völker verwerfen das Beuterecht als Raubrecht.

So entschieden hat sich die civilisirte Kriegsführung in unsern Tagen von der alten Barbarei losgesagt, daß sogar die Lebensmittel, deren das Heer im feindlichen Lande bedarf, regelmäßig eingekauft und baar bezahlt werden. Die scheußliche Maxime, nicht etwa nur des dreißigjährigen Kriegs, sondern noch der Revolutionskriege zu Ende des vorigen und zu Anfang des jetzigen Jahrhunderts, daß der Krieg sich selber ernähren müsse und daß daher die Heere in Feindesland auf Kosten der friedlichen Bewohner leben dürfen, wird heute von der öffentlichen Meinung als unerlaubte Plünderung gebrandmarkt. In der Noth freilich, wenn ausreichende Lebensmittel und andere unentbehrliche Sachen in ordentlicher Verkehrsform nicht zu erwerben sind, vielleicht weil die Einwohner sie nicht dem Heere verkaufen wollen, dann kann es dem Truppenkörper nicht verwehrt werden, auch mit Gewalt sich die Dinge anzueignen, ohne die er nicht leben und seine Bestimmung erfüllen kann; denn niemals kann die öffentliche Gewalt ihre Existenz dem Privatrechte zum Opfer bringen, vielmehr muß dieses der Noth des Staates weichen. Aber sogar in diesem äußersten Falle erkennt die heutige Kriegsgewalt, soweit nicht das Recht zur Besteuerung die Forderung unentgeltlicher Leistungen rechtfertigt, die Pflicht schatzungsgemäßer Entschädigung an, und zieht die geordnete Auferlegung von Contributionen auch der aus Noth erlaubten Marode entschieden vor.

Am wenigsten ist es den Kriegsleuten gestattet, die Hauswirthe, bei denen sie einquartirt werden, zu beschädigen und zu bestehlen. Wo dergleichen Unfug und Unrecht noch gelegentlich vorkommt und, sei es aus Rachsucht oder aus Gewinnsucht, auch von den Officieren noch geduldet wird, da geschieht dies nicht mehr im Sinne sondern mit Widerspruch des heutigen Kriegsrechts. Die Ehre einer disciplinirten Armee und der civilisirten Kriegsführung fordert strenge Bestrafung solcher Mißbräuche und Missethaten.

Nur ganz ausnahmsweise wird im heutigen Landkriege noch die Beute gestattet. Die Kriegsrüstung insbesondere der bewehrten Feinde, ihre Waffen und Pferde sind heute noch Gegenstand erlaubter Beute, weil vor der nahen Beziehung dieser Sachen zur Kampfesführung die Rücksicht auf das Privateigenthum zurück tritt. Diese Sachen dienen dem Krieg und verfallen deshalb dem Sieger. Dagegen gilt es bereits als unwürdig und dem civilisirten Kriegsrechte nicht mehr entsprechend, dem besiegten Gegner sein Geld oder seine Kleinode wegzunehmen. Auch der Kriegsgefangene bleibt Privateigenthümer. Nur wenn ein Officier große Geldsummen mit sich führt, so werden diese nicht als Privatgut, sondern als Kriegsmittel und daher als Kriegsgut betrachtet.

Ebenso wird dem Sieger gewöhnlich noch verstattet, dem todt auf dem Schlachtfeld gebliebenen Feinde die Habe wegzunehmen, die er zurückläßt. Die völlige Unsicherheit dieser Verlassenschaft läßt die Wegnahme in milderem Lichte erscheinen. Indessen der ehrenhafte Sieger wird solche Sachen doch nur insofern behalten, als er die rechtmäßigen Erben nicht kennt, und sie herausgeben, sobald Jemand ein besseres Recht daran nachweist. Die heimliche Marode aber den Schlachtfeldern nachschleichender Diebe wird nicht mehr geduldet, sondern als ein schweres Verbrechen bestraft.

Zuweilen vertheidigt man noch heute die Erlaubniß zur Plünderung eines hartnäckig vertheidigten Platzes, mit dem Bedürfniß der Kriegsführung, die Angreifer durch die Aussicht auf Gewinn zum Sturme zu ermuthigen. Indessen ist das nur die alte Barbarei, welche versucht, sich in diesem letzten Schlupfwinkel noch eine Zeit lang wider die bessere Rechtsordnung zu halten. Ganz mit denselben schlechten Gründen hatte man vordem den Stürmenden auch die Frauen in dem eroberten Platze Preis gegeben. Was seiner Natur nach schändliches Unrecht ist, das darf auch nicht als Belohnung versprochen und nicht als ein Mittel benutzt werden, um den Pflichteifer leidenschaftlich aufzuregen.

Feindliches Vermögen im Seekrieg.

Viel zäher hat die alte Barbarei im Seekrieg der Aufnahme neuer, das Privateigenthum auch im Kriege schützender Grundsätze widerstanden. Sie ist hier vorzüglich von einem Staate vertheidigt worden, der in anderer Hinsicht sich unläugbare Verdienste um die Ausbildung eines humaneren Völkerrechts erworben hat, nämlich von England, der größten modernen Seemacht.

Die englischen Staatsmänner und Rechtsgelehrten voraus behaupteten, das Beuterecht, das im Landkriege besser aufgegeben werde, sei für den Seekrieg nicht zu entbehren. Sie wiesen darauf hin, daß die Landmächte in der Besitznahme und Eroberung des feindlichen Landes ein eingreifendes und wirksames Zwangsmittel besitzen, um den feindlichen Staat zur Anerkennung ihrer Rechtsansprüche und Forderungen zu nöthigen, daß aber die Seemächte dieses Zwangsmittel entbehren, weil ihre Macht auf die See und die Seeküsten beschränkt sei. Sie gründeten auf diesen Unterschied die Nothwendigkeit für die Seestaaten, nach einem andern Zwangsmittel zu greifen, und als solches, meinten sie, biete sich nur die Unterdrückung des

Seehandels und die Wegnahme der feindlichen Schiffe und
Kaufwaaren an. Allein niemals kann die Schwäche der rechtmäßigen Kriegsmittel ein Grund sein, um die Zulässigkeit un-
rechtmäßiger Kriegsmittel zu rechtfertigen. So wenig der Fi-
nanzmann, dem es nicht gelungen ist, ein Darlehen abzuschließen, die leeren Staatscassen dadurch füllen darf, daß er den
Reichen all ihr Geld wegnehmen läßt, so wenig darf der Kriegs-
mann deshalb das Privatgut berauben, weil die Kanonen seiner
Schiffe nicht ins Innere des Landes wirken. Die Kaufleute
des feindlichen Staates sind als solche keine Feinde, weder der
Seemacht noch der Landmacht gegenüber; und wenn diese genöthigt ist, ihr Privatrecht zu achten, so liegt der Seemacht
ganz dieselbe Pflicht ob aus ganz denselben Gründen. Die
frühere Barbarei im Landkrieg wurde ganz ebenso damit vertheidigt, daß die Schädigung der Feinde ein unentbehrliches
Mittel sei, um den Feind zur Nachgiebigkeit zu zwingen. Man
hat dieselbe abgeschafft, weil man das Unrecht und die Ver-
derblichkeit des Kriegsmittels erkannt hat. Dieselbe Einsicht
wird endlich auch das Beuterecht im Seekrieg als einen Flecken
der heutigen Weltordnung erkennen lassen und dieselbe davon
reinigen helfen.

Vor einem Menschenalter stand es freilich noch schlimmer
als gegenwärtig. Sowohl die Schiffe der feindlichen Nation
sammt ihrer Ladung als die feindlichen Kaufgüter, selbst wenn
sie auf neutralen Schiffen verführt wurden, schienen ein offener
Gegenstand der Seebeute zu sein, obwohl sie nicht im Eigenthum
des Staates waren, mit welchem Krieg geführt wurde, sondern
der Privaten, gegen welche nicht Krieg geführt ward. Man
bedachte nicht einmal, daß die Enteignung dieser als gute Prise
weggenommenen Privatgüter sogar die Gränzen eines Zwangs-
mittels gegen den Feind überschreite, indem sie nicht wie die

Beschlagnahme für die Forderungen ein Unterpfand schafft, sondern über den Frieden hinaus wirkt und das Recht friedlicher Privaten völlig aufzehrt.

Indessen einige, freilich noch nicht genügende, Fortschritte sind gemacht worden, um auch das Seekriegsrecht zu civilisiren.

Es verdienen vorzüglich folgende Maßregeln Erwähnung:

1. Die endliche Mißbilligung und Abschaffung der Kaperei. Nach der früheren räuberischen Praxis begnügten sich die Seemächte nicht damit, durch ihre Kriegsmarine den Seehandel zu behindern und die Rheder und Kaufleute der feindlichen Nation nach Kräften zu schädigen. Sie riefen sogar die Raublust der Privatunternehmer zu Hülfe und ermächtigten dieselben, mit ihren Kaperschiffen auf Beute auszulaufen. Es war das ein von Staats wegen in Kriegszeiten autorisirter Seeraub. Vergeblich hatten sich schon im vorigen Jahrhundert philanthropische Männer, wie Franklin, gegen diese schmachvolle Unsitte erklärt. Auch ein Staatsvertrag zwischen den Vereinigten Staaten von Nordamerika und Preußen vom Jahr 1785, worin beide Mächte versprachen, niemals Kaperbriefe wider einander auszustellen, blieb ohne allgemeine Nachfolge. Während der Napoleonischen Kriege noch waren die französischen Kauffahrer aus allen Meeren von den Engländern weggefegt worden und französische Waaren nirgends vor der englischen Confiscation sicher, so weit die englische Seemacht reichte. Die Continentalsperre, welche der Kaiser Napoleon gegen England in Europa anordnete, war nur Wiedervergeltung, aber nicht wirksam genug, um von England den Verzicht auf die Seebeute zu erzwingen.

Endlich haben sich auf dem Pariser Congreß vom Jahr 1856 die versammmelten Mächte zu dem wichtigen Satze des heutigen europäischen Völkerrechts geeinigt: „Die Kaperei ist abgeschafft". Leider ist derselbe durch den Widerspruch der Vereinigten Staaten noch nicht allgemein anerkanntes Recht geworden. Die Weigerung Nordamerikas zuzustimmen beruhte freilich auf einem Grunde, der an sich volle Billigung verdient. Der Präsident wollte nicht damit die Kaperei gutheißen, sondern er erklärte nur, daß die Abschaffung derselben für sich allein und, so lange nicht auf das verwerfliche Beuterecht zur See überhaupt verzichtet werde, eine unzureichende und sogar eine gefährliche Maßregel sei. Es ist wahr, die großen Seemächte, welche über eine zahlreiche Kriegsmarine verfügen, bedürfen' der Beihülfe der Kaper nicht, und ihre Ueberlegenheit im Seekrieg über schwächere Seestaaten mit zahlreicher Handelsmarine aber wenig Kriegsschiffen wird dadurch eher vergrößert, weil nun die letztern Staaten der vielleicht nützlichen Hülfe von Kaperschiffen, in die sich die Kauffahrer verwandeln können, entbehren müssen. Indessen war jene Weigerung doch ein Fehler; denn es ist nicht recht, was man selbst für Unrecht erklärt, deshalb festzuhalten, weil daneben noch anderes Unrecht fortbesteht, noch politisch klug, ein erreichbares minderes Gut nicht anzunehmen, weil ein größeres wünschbares Gut noch nicht erlangt wird. Die Abschaffung der Kaperei liegt auf dem Wege zur Abschaffung der Seebeute, sie ist nicht ein Hinderniß dieser Entwicklung.

2. Die Gefahr für die Kauffahrer ist ferner durch die neuere Sitte der kriegführenden Seemächte, eine ergiebige Frist anzusetzen, binnen welcher die Schiffe der feindlichen Nation ungefährdet aus den Häfen des Krieg drohenden Staates auslaufen und sich mit ihrer Ladung nach einem sichern Hafen flüchten können, erheblich ermäßigt worden. In dem Kriege mit Rußland von 1854—1855 haben die Westmächte England und Frankreich ein nachahmungswürdiges Beispiel der Art gegeben.

3. Ferner wurden auf dem Pariser Congreß von 1856 zwei wichtige Gesetze in das Völkerrecht aufgenommen:

a) „Die neutrale Flagge deckt die feindliche Waare, mit einziger Ausnahme der Kriegscontrebande." Da kein Staat auf offenem Meere eine Gebietshoheit besitzt, so ist schon lange der völkerrechtliche Satz anerkannt, daß jedes Schiff auf offener See nur der Schutzhoheit und Staatsgewalt seines eigenen Landes unterthan ist. Die nationale Flagge bezeichnet den Staat, dem das Schiff angehört. Es wird betrachtet, wie ein schwimmender Theil des betreffenden Staatsgebiets. Es war daher nur folgerichtig, das feindliche Privateigenthum in neutralen Schiffen ebenso zu achten, wie wenn es in dem neutralen Lande wäre. Der Krieg darf das neutrale Gebiet nicht antasten. Es ist Friedensland. Die Kriegscontrebande macht deshalb eine Ausnahme, weil sie der Kriegspartei als solcher zu Kriegszwecken zugeführt wird. Im Uebrigen gilt nun der Satz: „Frei Schiff, frei Gut".

b) Ueberdem soll die „neutrale Waare" auch auf feindlichen Schiffen gegen das Prisenrecht gesichert werden, d. h. das Beuterecht darf nur auf feindliche Schiffe und auf Waaren der feindlichen Nation auf feindlichen Schiffen angewendet werden. Auf „unfreiem Schiff" kann es also „freies Gut" geben.

4. Endlich hat der Pariser Congreß von 1856 auch das oft unmäßig geübte Blokaderecht durch die Bedingung beschränkt, daß die Blokade „wirksam" sein müsse, um anerkannt zu werden, d. h. die Seesperre gilt nur insoweit, als die Seemacht, welche sie im Kriege anordnet, dieselbe auch thatsächlich und mit fortgesetztem Erfolg handhabt, also nicht, wenn es ihr an den nöthigen Schiffen mangelt, um die Ein- und Ausfahrt in den blokirten Hafen durchweg zu verhindern.

Es sind das Alles bedeutende Ermäßigungen des hergebrachten Raubrechtes der Seeleute. Aber ein wahrhaft civilisirtes Seekriegsrecht wird erst dann vorhanden sein, wenn die ganze Seebeute ebenso im Princip untersagt wird, wie die Beute im Landkrieg, wenn Schiffe und Waaren der friedlichen Rheder und Kaufleute zur See ebenso sicher sind, wie die Habe der Bewohner des Landes. Diese Fortbildung des Völkerrechts wird nicht mehr lange ausbleiben. Auch die Seemächte, welche bisher der Forderung des natürlichen Rechts keine Folge gegeben und der Macht der Logik sich nicht gefügt haben, werden schließlich der lauten Stimme der eigenen Interessen Gehör geben. Das Beuterecht, das gegen die fremden Schiffe und Waaren verübt wird, gefährdet und verletzt nicht blos das Vermögen der feindlichen, sondern ebenso der eigenen Nation, denn Handel und Verkehr sind immer wechselseitig. Auch der Handel und der Credit der eigenen Kaufleute leidet schwer in Folge dieser barbarischen Ueberspannung der Kriegsübel; und volle Sicherheit hat auch ihr eigenes Privateigenthum erst dann, wenn alles Privateigenthum geachtet wird. Seit den Kriegen Englands mit Napoleon I. hat sich auch in dieser Hinsicht die Welt sehr verändert. Der englische Welthandel bedarf nun zu seiner Sicherung kaum minder des völkerrechtlichen Schutzes, als der französische, oder nordamerikanische oder deutsche; denn so mächtig die englische Kriegsmarine auch ist, sie wäre doch nicht im Stande, zugleich der feindlichen Kriegsmarine zu begegnen und überall die englischen Kauffahrer zu schützen. Wir dürfen daher wohl die Hoffnung hegen, daß die Vorschläge, welche Bremen im Jahre 1859 zum Schutz des friedlichen Welthandels gemacht hat, schließlich auch die Billigung Englands finden und dann zu allgemeinem Völkerrecht erhoben werden. Leider ist der neueste Versuch Deutschlands 1870, im Kriege mit Frankreich die Seebeute ganz aufzuheben und den Seehandel auch der feindlichen Schiffe zu achten, daran gescheitert, daß Frankreich nicht darauf einging und überdem das französische Verfahren auch die Deutschen zu Repressalien reizte.

Die Neutralität.

Zum Schlusse verdient noch die Ausbildung der Rechte und Pflichten der neutralen Staaten erwähnt zu werden, welche seit einem halben Jahrhundert ebenfalls manche Fortschritte gemacht hat. Indem das Recht der Neutralität wächst, wird zugleich das Recht und die Gefahr des Krieges eingeschränkt. Die neutralen Staaten umschließen mit ihrem friedlichen Gebiete das Kriegsgebiet. An ihren Gränzen bricht sich die Brandung der Kriegsfluth.

Es ist überhaupt ein beachtenswerthes und preiswürdiges Bestreben, wie es sich in dem neuesten Russischen, dem Italienischen und dem Dänischen Kriege gezeigt hat, den Krieg möglichst zu localisiren, d. h. die unvermeidliche Gewalt und die Uebel des Krieges auf ein möglichst enges Kriegsfeld einzugränzen. Die allmählig erstarkte Neutralität hilft den Krieg im Großen localisiren. Dadurch wird die Welt vor einem allgemeinen Weltbrand geschützt und es wird die Macht des Friedens auch dem Kriege gegenüber fortwährend bewährt. Die neutralen Staaten vertreten das friedliche Regelrecht, setzen der Ausnahme des Kriegsrechts Schranken und tragen überdem dazu bei, die Leiden des Kriegs zu mildern, indem sie den Verfolgten und Flüchtigen eine friedliche Zuflucht eröffnen, und den Krieg eher zu beendigen, indem sie die Friedensverhandlungen erleichtern und vermitteln.

Der Anstoß, welchen die Russische Kaiserin Katharina II. auf den Rath ihres Kanzlers Panin in der sogenannten „bewaffneten Neutralität" von 1780 zum Schutze der neutralen Schifffahrt gegeben, und die Verabredungen, welche in derselben Richtung im Jahre 1800 von den nordischen Mächten Rußland, Preußen, Schweden und Dänemark getroffen wurden, haben die Rechte der neutralen Schifffahrt in Kriegszeiten gekräftigt und Grundsätze zuerst vertheidigt, welche endlich auf dem Pariser Congreß von 1856 allgemein gebilligt worden sind. Noch bestehen freilich über den Begriff der unerlaubten Contrebande manche Zweifel, welche den Handel unsicher machen; aber auch in Kriegszeiten und selbst wenn der Verdacht der Contrebande sich erhebt, ist doch das früher rücksichtslos geübte Durchsuchungsrecht der feindlichen Kriegsschiffe gegenüber den neutralen Handelsschiffen, sorgfältiger begrenzt worden. So lange freilich noch die Kriegspartei allein die Prisengerichte bestellt, welche darüber erkennen, ob ein weggenommenes neutrales Schiff Contrebande geführt habe oder die rechtmäßige Blockade in unerlaubter Weise habe brechen wollen, so lange noch sind die Garantien für eine unparteiische Rechtspflege gering. Zwar sind die Prisengerichte in neuerer Zeit etwas unbefangener geworden als früher, sie vermuthen nicht mehr wie ehedem so leichtsinnig oder leidenschaftlich für die Schuld des eingebrachten Schiffes, sie sind geneigter worden, auch die Vertheidigung zu hören und zu würdigen, die Freisprechungen sind weniger selten geworden. Aber der Grundcharakter eines ausschließlich von der Partei gesetzten und besetzten Gerichtshofs wird heute noch festgehalten und deshalb können die Neutralen diese Handhabung der Rechtspflege noch nicht mit Vertrauen betrachten.

Indessen den Rechten der Neutralen entsprechen auch Pflichten. Indem die Neutralen verlangen, daß sie von den Folgen und Wirkungen des Krieges möglichst wenig betroffen werden und daß die Kriegsgewalt der Feinde vor ihrer friedlichen Haltung rücksichtsvoll vorbeigehe, so dürfen sie auch ihrerseits nicht an der Kriegsführung sich betheiligen. Die neutralen Staaten dürfen nicht kriegen helfen, wenn sie in ihrer friedlichen Neutralität geachtet bleiben wollen. Wer den Feind im Kriege und zum Kriege unterstützt, der hört auf neutral zu sein, denn neutral sein heißt auf **keiner der beiden Seiten Theilnehmer am Kriege sein.**

Auf die Ausbildung der Rechte und der Pflichten der Neutralen hat einen großen Einfluß die Neutralitätsacte gehabt, welche zuerst in Nordamerika auf den Betrieb Hamiltons und im Einverständniß mit dem Ersten Präsidenten Washington im Jahre 1794 erlassen und im Jahre 1818 revidirt worden ist. Sie ist von der Englischen Parlamentsacte von 1819 nach- und fortgebildet worden. Der letzte Bürgerkrieg in den Vereinigten Staaten hat freilich den Glauben an die Wirksamkeit dieser Neutralitätsgesetze anfangs einiger Maßen geschwächt. Die vereinigten Staaten beklagten sich darüber, daß England nicht sorgfältig und nicht entschieden genug die Begünstigung der Südstaaten verhindert und durch Lieferung von englischen Schiffen die räuberischen Kreuzer ausgerüstet habe, welche die Meere unsicher machten. Aber das Genfer Schiedsgericht von 1872 hat diese Klage für begründet erklärt und durch seinen Spruch die Wirksamkeit der völkerrechtlichen Neutralitätspflichten bekräftigt. Auch der französisch-deutsche Krieg von 1870/71 hat das Bedürfniß einer schärferen Bestimmung der Neutralitätspflichten offenbar gemacht.

Die theilweis widerstrebenden Interessen des freien Handels der Neutralen auch mit der Nation der Kriegspartei und der unerläßlichen Enthaltsamkeit von jeder Theilnahme am Krieg von Seiten des neutralen Staats sind noch mit einander im Kampf und suchen noch das gerechte Gleichgewicht.

Das Recht der nationalen Entwicklung und der Selbstbestimmung der Völker.

In unserer Zeit hört man oft die laute Klage, der Bestand der Staaten selber sei nicht mehr wie früher durch das Völkerrecht gesichert, die Revolution von Innen und die Uebermacht von Außen bedrohen alle legitimen Gewalten, und so oft ihnen der Umsturz eines rechtlich begründeten Zustandes glücke, so werde die vollendete Thatsache, das heißt zumeist das siegreiche Unrecht von den Mächten als neues Recht gutgeheißen und anerkannt. Man beschuldigt das heutige Völkerrecht, es habe alles Verständniß verloren für die Rechtssicherheit der Staaten und ihrer Regierungen und huldige jederzeit gefügig dem brutalen Erfolg.

Man sehe zu, ob denen, welche so reden, nicht selber alles Verständniß fehlt in die Natur des Völkerrechts und der öffentlichen Rechte überhaupt.

Die inneren Verfassungsänderungen eines Staates und die Wechsel der Fürsten und Dynastien sind meistens Vorgänge in dem Leben eines einzelnen Volkes und Staates und eben deßhalb zunächst staatsrechtlich, nicht völkerrechtlich zu beurtheilen. Das Völkerrecht ordnet nicht die einzelnen Staaten, sondern nur die Beziehungen der Staaten zu einander. Erst in zweiter Linie tritt daher an das Völkerrecht die Frage heran, ob ein Staat, der eine solche Umwandlung erfahren hat, und seine thatsächlich die Staatsgewalt ausübende Regierung auch in der Staatsgemeinschaft und im Staatenverkehr als souveräne Personen anzuerkennen seien. Für das völkerrecht=

liche Verhalten ist daher die staatsrechtliche Erledigung gewöhnlich maßgebend. Jene Vorwürfe, auch wenn sie gerecht wären, würden daher eher das moderne Staatsrecht treffen als das Völkerrecht, welches genöthigt und berufen ist, die staatlichen Bildungen, wie sie in der Welt existiren, neben einander anzuerkennen und mit einander zu verbinden.

In der europäischen Restaurationsperiode von 1815 bis 1830 versuchten es die Mächte der heiligen Allianz auf den Congressen von Aachen und mehr noch auf den Congressen von Laibach und Verona das Princip der dynastischen Legitimität zu einem Grundgesetz der europäischen Völkerrechte zu erheben. Jede constitutionelle Beschränkung der absoluten Fürstengewalt und jede Aenderung in dem neu garantirten Territorialbesitz wurden als Revolution verdammt und der Schutz der bestehenden Staatsautoritäten als eine Pflicht der fünf Großmächte dargestellt, welche berufen seien, das öffentliche Recht in Europa zu sichern und zu schützen.

Die Weltgeschichte hat über den damaligen Versuch gerichtet, sie hat die Unausführbarkeit desselben an den Tag gebracht und die Mängel jenes Grundgedankens schonungslos aufgedeckt.

Die mittelalterliche Vorstellung, welche von der Legitimitätspolitik zu einem künstlichen Scheinleben wieder erweckt wurde, betrachtete die Landesherrschaft wie ein göttliches Lehen und wie ein Stamm- und Erbgut der Dynastien, worüber beliebig zu verfügen dem regierenden Familienhaupte zustehe, welches so wenig der Wandlung ausgesetzt sei, wie das feste der Privatpersonen gehörige Grundeigenthum. Von diesem Standpunkte aus erschien der Kampf um die Regierung eines Landes wie der Kampf zwischen Eigenthümer und Räuber. Nach dem Grundsatz solcher Legitimität galt es als selbstverständlich, daß das geschichtlich begründete Thronrecht unter allen Umständen, wie ein Eigenthum erhalten werden müsse wider jede Besitzstörung.

Aber diese ganze Grundansicht von Fürstenrecht ist noch unreif und beinahe kindisch. Das Recht und die davon nicht abzutrennende Pflicht, ein Volk zu regieren, ist in Wahrheit kein Privat- und kein Familienrecht, es ist kein Eigenthum. Das Volk ist eine lebendige Person und der Fürst ist nicht außer, und nicht wie der Eigenthümer einer Heerde Vieh über, sondern in dem Volke als das Haupt des Volkes. Sein Recht ist öffentliches Recht und öffentliche Pflicht, Staatsrecht und Staatspflicht. Alle Fragen der Staatsherrschaft sind daher nicht nach den privatrechtlichen Gesetzen über Eigenthum und Besitz, nicht nach den strafrechtlichen Begriffen von Raub und Diebstahl, sondern von dem Standpunkte des Volkes und des Staates aus und ihrer Entwickelung zu beurtheilen.

Das aber hat allmählig, nicht ohne Fehltritte und Mißgriffe, das moderne Völkerrecht begriffen, indem es den vielfältig durchlöcherten Schnürleib der alten Legitimitätsdoctrin abgelegt hat.

Es war ein großer Fortschritt in der Rechtserkenntniß, als man endlich einsah, daß die Völker lebendige Wesen seien und daß demgemäß auch das Verfassungs- und Staatsrecht, welches als Organisation und gleichsam als Leib des Volkes sein Leben bedingt und darstellt, diejenigen Wandlungen vornehmen muß und erfährt, welche nöthig sind, um die Entwicklung des Volkslebens zu ermöglichen und zu begleiten. Der Rechtsbegriff selbst wurde dadurch vergeistigt. Zuvor war er todt und kalt. Jetzt wurde er voll Leben und Wärme. Recht heißt nicht eine Ansammlung unveränderlicher Regeln, sondern Recht bedeutet die wirksame Ordnung des Volkslebens. Ein Recht, welches die naturgemäße Entwicklung des Volkes verhindert, statt dieselbe zu sichern und zu schützen, ist daher unbrauchbar für lebendige Völker und in Wahrheit Unrecht, auch wenn es in unanfechtbaren Urkunden geschrieben und besiegelt wäre.

Die Wissenschaft ist noch in dieser den Charakter alles öffentlichen Rechts wandelnden Arbeit begriffen, wie die Welt in der Bewegung begriffen ist, aus dem mittelalterlichen Herren- und Landesrecht die modernen Weltstaaten hervorzubilden.

Aber heute schon dürfen wir getrost als ein Ergebniß der Kämpfe und Errungenschaften unsers Jahrhunderts folgende moderne von dem heutigen Völkerrecht gebilligte staatsrechtliche Rechtssätze aussprechen:

1. Die Autorität des geschichtlichen und formulirten Rechts verliert in dem Maße ihre Macht, in dem es offenbar wird, daß dasselbe das Leben des Staates gefährde statt demselben zu dienen und die Entwicklung des öffentlichen Rechts unmöglich mache, statt dieselbe zu reguliren.

2. Alles öffentliche Recht gilt nur, inwiefern es lebenskräftig ist.

3. Neben dem Recht der staatlichen Existenz ist auch das Recht der staatlichen Entwicklung anzuerkennen. Das Recht der staatlichen Entwicklung ist die Folge des Rechts der Existenz; denn in der Entwicklung offenbart sich die Existenz des Staates als eines lebendigen Wesens.

4. Das Völkerrecht ehrt die Ergebnisse der Weltgeschichte und betrachtet die Verhältnisse, welche sich als nothwendige und fortwirkende Grundlagen und Bedingungen des derzeitigen Völkerlebens manifestiren, nicht blos als

bulbende Thatsachen, sondern als geschichtliche Fortbildung des Rechts.

5. Das Völkerrecht achtet das Recht der Völker, die Form ihres gemeinsamen Verbandes und ihres gemeinsamen Lebens, d. h. ihre Verfassung selber zu bestimmen.

Bei näherer Erwägung zeigt sich also, daß jene Anklage des modernen Völkerrechts, als sei es rechtlos geworden, völlig eitel ist. Ganz im Gegentheil, es ist der höchste Vorzug und die Ehre der modernen Rechtsansicht, daß ihr das Recht selbst nicht mehr als ein todtes und als ein Hinderniß des Lebens, sondern als ein lebendiges und entwicklungsfähiges erscheint. Wie der organische Leib des Menschen, welcher das Leben des Menschen bedingt, einer fortwährenden Wandlung bedarf, um dem fortschreitenden Leben zu dienen, so ist auch das öffentliche Recht eines Volkes mit seinen Institutionen, der Entwicklung bedürftig und fähig, damit es jeder Zeit seine Aufgabe erfüllen kann, das fortschreitende Leben des Volkes zu wahren und zu fördern. Wie das Blut in dem menschlichen Körper erneuert wird, so wird der Staatskörper durch den Wechsel der Menschen im Staate stets erneuert. Die Selbstvervollkommnung ist die Aufgabe des Menschheit, auf dem Gebiete des Rechtes nicht minder als in allen andern Richtungen humaner Cultur.

Die angeführten einzelnen Momente mögen genügen, um die großen Fortschritte zu veröffentlichen, welche das Völkerrecht in neuerer Zeit wirklich gemacht hat, wenngleich sie auch darauf hinweisen, daß noch weitere Fortschritte zu machen sind, wenn die civilisatorische Aufgabe des Völkerrechts erfüllt und eine humane Weltordnung hergestellt werden soll.

Wie die Wissenschaft für die Begründung und Erkenntniß des Völkerrechts entscheidend geworden ist, so hat sie die Pflicht, auch seine Fortschritte vorzubereiten, zu beleuchten und zu begleiten. Obwohl nun die Praxis der Staatsmänner die Leitung übernommen hat, so hängt doch die Wirksamkeit des Völkerrechts hauptsächlich davon ab, daß seine Grundsätze und Grundgedanken von der öffentlichen Meinung gekannt und gebilligt werden und daß das öffentliche Gewissen darüber aufgeklärt werde. Je allgemeiner die Rechtssätze des Völkerrechts verbreitet und verstanden werden, je bestimmter und entschiedener das Rechtsbewußtsein der civilisirten Menschheit sich entfaltet, umsomehr ist auch die Wirksamkeit des Völkerrechts in der Welt gesichert. In dem Völkerrecht voraus bethätigt sich noch der Beweis des Geistes und der Kraft. Sein flüssiger Stoff ist noch nicht, wie die andern Rechtsordnungen zu fester abgeschlossener Form gestaltet, aber unaufhaltsam wächst es seiner Bestimmung und seinem Ende, dem humanen Weltrecht entgegen.